PESCADORES DE HOMBRES

Cómo convertirte en un discípulo dinámico de Jesucristo

SHARON DUTRA

Traducción por Juan Pablo Yun

OTROS LIBROS POR LA AUTORA

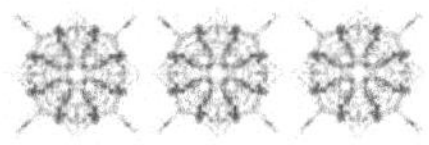

Sea transformado: Por el Espíritu del Dios viviente (2011/También disponible en inglés y persa).

Nuevos comienzos: Entendiendo los principios básicos de la fe Cristiana (2017/También disponible en inglés, persa y japonés).

DEDICATORIA

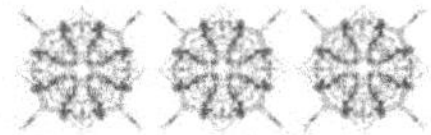

Dedicado simplemente a todos aquellos
que me ayudaron a salir del lodo y del fango
y a apoyar mis pies
sobre la Roca de Jesucristo

ÍNDICE

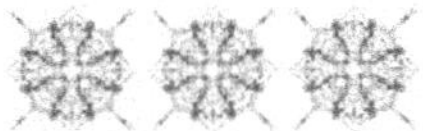

PRÓLOGO

Acerca de la autora

Cuando conocí a Jesús en el suelo de mi celda en la prisión hace muchos años, nunca me imaginé que Él restauraría mi miserable vida, ni que fuese capaz de hacerlo. Pese a mis antecedentes con adicciones, vagabundería, intentos de suicidio, encarcelamiento y autodesprecio, Dios reconstruyó mi mundo entero y lo transformó en uno de abundante alegría, paz y propósito. Desde mi milagrosa salvación, el "versículo de mi vida" ha sido Joel 2:25: "Les devolveré lo que perdieron a causa del pulgón". Los pulgones son plagas que destruyen todo lo que está en su camino, y esa verdaderamente era mi vida antes de Cristo. No había nada por rescatar.

¡Le pido a Dios que creas que Él puede hacer lo mismo por ti!

Palabras de mi Pastor

"Desde que la conozco, Sharon Dutra ha demostrado una insaciable pasión por Jesús. Ha respondido con un rotundo «Sí» al llamado de Dios en su vida. Sharon vive una vida de fructífero propósito y ahora es ministra para mucha gente en distintas partes del mundo. Su éxito y la gracia de Dios en su vida son algo sobrenatural. Sus libros de discipulado se han distribuido por Estados Unidos, África y México, y han sido traducidos a distintos idiomas, lo que ha permitido profetizar en lugares que normalmente sería difícil alcanzar. Durante todo esto, Sharon ha mantenido un corazón humilde, agradecido y amoroso. Estoy agradecido de poder llamarla mi amiga y mi compañera en la cosecha del Señor".

Pastor Steve Henry
Harvest Church
Arroyo Grande, California

<u>Acerca de este libro</u>

Antes que nada, me gustaría señalar que este libro no habría sido escrito si Dios no hubiese cambiado radicalmente mi vida.

En segundo lugar, ciertamente no soy digna de escribir un libro así. Tengo pecados y problemas en mi vida, al igual que todos. Así que no estoy escribiendo para señalarte *a ti*, sino para tomar tu mano y dirigirte hacia nuestro Señor. Simplemente estoy agradecida de que Él me haya dado la habilidad de explicar verdades espirituales de modo que más gente pueda comprender con facilidad los conceptos profundos de la Biblia.

Muchos de los temas de este libro se repiten varias veces. Lo que he escrito es lo que he aprendido a través de estudio, oración y experiencia con la Biblia. Es lo que está arraigado en mi corazón y en mi mente. Esta es la razón por la que algunos temas se abordan con tanta frecuencia.

Incluso la Biblia dice que debemos recordar y ser recordados de las verdades de las Escrituras frecuentemente (Juan 14:26; 1 Corintios 15:1). Lo que puede parecer una repetición banal en realidad es lo que solidifica las ideas y las verdades en nuestros corazones y mentes. Así como estudiamos el mismo material una y otra vez antes de un examen, debemos pensar repetidamente en las cosas que hemos aprendido de la Biblia.

Los capítulos fueron elegidos deliberadamente para que puedas convertirte en un firme creyente y aprender a usar tus dones para edificar la Iglesia y tenderles la mano a los necesitados.

Pescadores de hombres fue escrito en dos partes. La primera parte preparará tu corazón para recibir la verdad de Dios sobre tu identidad en Cristo y sobre la necesidad de apegarte a Su dirección. Sentará la base de tus creencias Cristianas. La segunda parte fue escrita para que aprendas a servir a Dios y a otros de manera significativa y eterna.

Pescadores de hombres es la secuela de mis otros libros titulados *Sea transformado: Por el Espíritu del Dios viviente* y *Nuevos comienzos: Entendiendo los principios básicos de la fe Cristiana*. A mucha gente no se le enseña cómo "llegar al siguiente nivel" en su fe después de haber aceptado a Jesús como su Salvador. *Nuevos Comienzos* sienta las bases. *Sea Transformado* te ayuda a aplicar principios espirituales en los problemas de tu vida. *Pescadores de hombres* es un libro más a profundidad sobre las aplicaciones espirituales y prácticas de la fe Cristiana.

He de advertirte ahora que quizá no te gusten algunos de los temas de este libro, pues no le sentarán bien a tu naturaleza pecadora. Muchos "seguidores de Cristo" justifican sus comportamientos creyendo que la gracia de Dios cubrirá sus infructíferas vidas Cristianas. Pero si permites que el Espíritu Santo te hable a través de este libro y te ayude a crecer y ser más productivo para Dios, cosecharás abundantes recompensas.

¡Lo cierto es que las iglesias a nivel mundial se han vuelto demasiado complacientes! A todos nos encanta escuchar las partes del amor, de las bendiciones, del poder y de la paz de Dios, pero muy a menudo cerramos nuestros oídos a los retos que nos pone Cristo de "tomar nuestra cruz cada día" y "morir en la carne".

Creo que la Iglesia como conjunto debe afianzar sus fundamentos y volverse más obediente, así como dejar de ser tan complaciente y de obsesionarse tanto con "no ser ofensiva".

Por lo tanto, la próxima sección describe mi profunda consternación con respecto a la mediocridad y al bajo número de almas perdidas que se están trayendo al Reino. Es esta la razón por la que he escrito *Pescadores de hombres*.

Religión superficial

Hubo una época en la historia en que los predicadores proclamaban valientemente la verdad. El público realmente escuchaba, incluso cuando se les acusaba o se sentían incómodos. Si bien es cierto que algunos de aquellos predicadores pudieron haber sido un poco más amorosos y gentiles en sus mensajes, ¡sus sermones tenían gran poder para convertir a los desamparados y motivar a los Cristianos!

Hoy en día, este tipo de prédicas acusatorias son más frecuentes en la Iglesia perseguida alrededor del mundo y en las prisiones que en las cómodas bancas de iglesia sobre las que nos sentamos cada domingo. De hecho, ¡miles de mis libros han sido enviados a prisiones en Estados Unidos, África y México, y hemos tenido tres historias de personas que experimentaron un "mini renacimiento" después de estudiar los libros!

Irónicamente, ¡los grupos perseguidos y encarcelados son en los que vemos más crecimiento en el Reino de Dios! Cuando el predicador no diluye el Evangelio para que el público "no se ofenda", es mucho más probable que haya una verdadera conversión y un crecimiento espiritual.

Por favor comprende: no escribo esto para ser crítica; en cambio, es porque siento que nosotros, como Cristianos profesos, llevamos demasiado tiempo "jugando a la Iglesia". Hemos adoptado la filosofía "políticamente correcta" del mundo, permitiendo que el mundo nos convenza de que la rectitud es equivalente a la "tolerancia" y de que la santidad está pasada de moda. Sin embargo, esta actitud ha abrumado e inhabilitado seriamente las intenciones de Cristo para Su gente y Su misión en este mundo. Estudios recientes demuestran que el "crecimiento" que se observa en muchas iglesias estadounidenses se debe en gran parte a que los Cristianos cambian a menudo de una iglesia a otra, con un bajo porcentaje de nuevos conversos (*https://www.baptiststandard.com/news/faith-culture/rapid-church-growth-through-conversions-uncommon/* - Marzo, 2019). Necesitamos despertar y darnos cuenta de que ya no podemos hacer las cosas como de costumbre. Hay una ola de maldad aún mayor en camino, y ya no podemos seguir "susurrando" o ignorando nuestra tarea de advertir a quienes aún no son salvos o a quienes han recaído.

Atrás quedó la época en que podíamos "esconder nuestra lámpara bajo una canasta" (Mateo 5:14-15). Como Cristianos, somos la luz del mundo, justo como lo fue Jesús. La gente es mucho menos propensa que antes a atravesar las puertas de nuestras iglesias. ¡Debemos salir y gritar el Evangelio desde las azoteas, justo como dice la Biblia! (Mateo 10:27). Debemos ayudar a la gente a ver el peligro inminente, y guiarlos con amor hacia el puerto seguro que es Jesucristo (Colosenses 1:28).

Pido a Dios que este libro te ayude a entrar en una nueva dimensión con Jesús. Si vives una vida Cristiana egoísta y complaciente, ¡Dios quiere convertirte en un seguidor centrado en Cristo que esté listo de un momento al otro para entrar en Su Reino! ¡Que el Señor nos permita desear la Cruz y la corona, y aprender a crucificar realmente nuestra carne para poder convertirnos en Discípulos Dinámicos de Jesucristo —en verdaderos *Pescadores de hombres*— para este mundo moribundo!

Sharon Dutra
Grover Beach, California
Abril de 2020

Cómo estudiar este libro

Comenzamos cada estudio bíblico en oración, pues esta es la parte más importante del estudio. Iniciamos pidiéndole a Dios que perdone nuestros pecados y que despeje nuestra mente de cualquier cosa que impida que Su Espíritu nos enseñe Su verdad. Le pedimos que sea nuestro máximo Maestro y que dirija nuestra clase.

Después de la oración, nos turnamos leyendo un párrafo del texto en voz alta. Cualquiera puede hacer una pregunta en cualquier momento, y yo frecuentemente me detengo durante la lección para resaltar o explicar el material. Cualquiera puede abstenerse de leer en voz alta si así lo desea.

Usamos la Nueva Traducción Viviente de la Biblia porque (en mi opinión) es la versión más fácil de comprender y la que más se apega al texto bíblico original. También buscamos cada Escritura conforme aparezca en el texto. ¡*Por favor* busca todos los versículos! ¡Yo no tengo el poder de cambiar tu vida, pero la Palabra de Dios sí!

No te sientas presionado a leer el libro con prisa. ¡Nosotros usualmente le dedicamos una clase entera a apenas uno o dos párrafos! Hay mucho material para reflexionar en este libro, así que lo mejor es tomar algunas secciones por cada estudio y dedicar tiempo para analizarlas y discutirlas genuinamente. Si vuelas a través del contenido, pasarás por alto las profundas verdades que Dios tiene para ti.

Nuestra manera de explicar el material suele ser compartiendo nuestras propias perspectivas, luchas y victorias. Si no estás seguro de alguna verdad bíblica, pregúntale a tu pastor o a tu maestro de Biblia de confianza y sugiere el tema en tu siguiente sesión grupal de estudio.

Una nota para quienes están leyendo este libro individualmente

He hecho los estudios tan fáciles de leer y de referenciar como me ha sido posible, pues entiendo que muchos de ustedes no pueden (o no quieren) asistir a un grupo para hacer preguntas o compartir su conocimiento. Pero conforme avancen a través de las secciones a su propio ritmo, aprenderán mucho sobre ustedes mismos y sobre su relación con Dios.

Líderes o moderadores

Si tú eres el líder del grupo, es una buena idea familiarizarte con el material antes de la clase. Puedes usar los estudios como una base para tus propias enseñanzas, o puedes actuar como moderador a medida que el grupo progrese con sus estudios.

Solo para aclarar: suelo usar solo una línea de cada párrafo de las Escrituras. Esto es intencional, y no pretendo sacar la idea del contexto en que fue escrita. Antes de haber incluido aquel versículo en particular, estudié el contexto. Los versículos se adaptan bien al libro y explican perfectamente el planteamiento en cuestión. Por supuesto, tú y/o el grupo son libres de leer el texto antes y después de la Escritura citada si sienten la necesidad.

Al final de cada capítulo hay preguntas de reflexión. No hay respuestas correctas o incorrectas, pero se relacionan con algo que se mencionó en el texto. Te ayudarán a explorar tus propios pensamientos y a afianzar las verdades bíblicas en tu mente y tu corazón. Por favor tómate el tiempo de escribir tus respuestas.

Información de contacto

- Si deseas comprar un libro o ponerte en contacto conmigo, puedes escribirme a:
  Post Office Box 597, Grover Beach, CA 93433
- Puedes enviarme un correo a:
  betransformed@betransformedministries.com
- Puedes visitar mi sitio web:
  www.betransformedministries.com
- Puedes seguir a nuestro ministerio en Facebook:
  www.facebook.com/betransformedministries
- Si te gustaría escuchar la historia de la radical transformación de mi vida, puedes encontrarla en:
  https://www.youtube.com/watch?v=UuH8U_dRdiw

¡Si encuentras algún error de ortografía, me encantaría oír de ti!

Mis libros están disponibles en inglés, español, persa y japonés. Puedes adquirir copias en inglés o español en Amazon, o puedes escribirme si te interesa alguna en persa o japonés.

Todos los libros son gratuitos para la gente en prisiones, cárceles y centros de rehabilitación. Si te gustaría hacer un donativo a nuestro ministerio para poder distribuir más libros, por favor contáctanos.

Y si realmente no puedes costear un libro, solo contáctame y te enviaré uno. Hay un lugar especial en mi corazón para quienes están en una situación difícil, pues yo también estuve allí en alguna época. Que Dios los bendiga abundantemente.

PARTE I

EL CORAZÓN DEL DISCIPULADO

PASIÓN POR JESUCRISTO

PARTE 1

Es un hecho conocido que la Iglesia se ha vuelto
considerablemente ineficaz.
¿A qué se debe esto?
La respuesta es realmente sencilla.

**Se debe a nuestra falta de pasión,
profunda intimidad
y compromiso incondicional
con Jesús.**

En este libro, me gustaría compartirte el secreto para ser un auténtico discípulo; un auténtico seguidor de Jesucristo. No te preocupes, no es una "nueva revelación" que me haya surgido de repente. Es algo completamente bíblico.

Antes de comenzar nuestro estudio, quiero señalar que hay una "lista de prioridades" para llenar al final de este capítulo. Por favor dirígete a ella en este momento y piensa cuidadosamente en tus propias prioridades. Esto te ayudará a ver dónde te encuentras parado realmente con relación a Jesús. Después comenzaremos nuestro estudio.

Convirtiéndote en un discípulo dinámico

Como mencioné en el prólogo de este libro, el proceso para convertirte en un discípulo dinámico de Jesucristo toma tiempo, esfuerzo, disciplina y compromiso. La vida Cristiana es simple, pero no es *fácil*. Jesús nos ofrece salvación a voluntad, pero la Biblia es clara en que si no cambiamos nuestro comportamiento, actitud y productividad para Su Reino, nuestra conversión podría ser dudosa.

Me gustaría comenzar explorando uno de los aspectos más vitales de nuestra vida Cristiana que frecuentemente pasamos por alto: nuestro **amor** por Jesús. Solemos enfocarnos en lo que *hacemos* por Dios, pero es muy fácil que menospreciemos la importancia de simplemente *estar* en Su presencia. Sin embargo, es este mismo acto de pasar tiempo a solas con el Señor el que nos da vitalidad, fuerza, intuición y visión a través de nuestro camino Cristiano.

De hecho, es mucho más fácil *hacer* que *ser*. ¡Tanto la facción secular como la espiritual de nuestra cultura suelen estar obsesionadas con la actividad, y prácticamente nos humillan si no estamos desempeñándonos con excelencia en todos los aspectos de nuestras vidas! Desde luego que hay una "tensión" entre relajarnos en la presencia de Dios y trabajar por Su Reino, pero es importante encontrar un balance saludable entre ambas.

Su preciosa presencia

Al recordar su primer encuentro con su Salvador, mucha gente suele descubrir que el intenso amor que experimentaron por parte de Él y hacia Él fue la razón fundamental por la que comenzaron a seguirlo. Si nunca has recibido amor y aceptación genuinos e incondicionales, puede ser que esta nueva relación haya sido una de las más emocionantes de toda tu vida.

Sin embargo, aunque continuemos "siguiéndolo" con el paso del tiempo, podemos comenzar a sentir que servirle se siente más como una obligación que como una dicha. Podemos comenzar a enfocarnos en nuestra "fe", en nuestro "comportamiento exterior" o en nuestros "dones" más que en la *persona* de Jesús. Como consecuencia, podemos desarrollar una especie de "caparazón" religioso, que, a juzgar por las enseñanzas del propio Jesús, Él detesta. Esto es porque Él desea tener una profunda intimidad con nosotros, y esta falsa actitud religiosa nos aleja de Él. Además, este falso comportamiento no solo evita que llevemos a los perdidos hacia Él, sino que en realidad los ahuyenta del Señor (Mateo 23:23-28). Sin duda, nuestra pasión por Cristo debe ser cuidadosamente protegida.

Su amor por nosotros y el amor que nosotros le profesamos a cambio son el sustento de nuestra fe. Aun así, esta es la parte de la relación que resulta más fácil dañar o ignorar. Si no prestamos la suficiente atención, nuestro afecto por el Señor puede disminuir; esto lo lastima y nos despoja de las bendiciones espirituales que Él tiene para nosotros. También reduce nuestro servicio hacia los demás, pues se nos agota el amor, la alegría y la paz que necesitamos para predicar el nombre de Jesús (Apocalipsis 2:4-7; 3:15-16).

Pido al Señor que permanezcas enamorado de Jesús. Pero si has perdido tu "primer amor" —si tu amor se ha vuelto frío—, espero que este estudio estimule un nuevo deseo en tu interior por hacer morir tu carne y poner a Dios de vuelta en Su debido lugar en tu vida. ¡Él es el único con la autoridad para ser tu Rey y tu Maestro!

Iniciemos examinando cuán enamorados estamos de Jesús. Podemos comenzar describiendo cómo actúa la gente cuando está enamorada.

Cuando la gente está enamorada, suele actuar un poco raro ☺. Se les dificulta concentrarse en sus rutinas diarias porque los pensamientos de la otra persona invaden sus mentes. Piensan en maneras ridículas de estar con la otra persona. No les importa si su comportamiento es ligeramente extraño, pues tienen un profundo anhelo por demostrarle sus sentimientos a su amado/amada. Pasan la noche en vela hablando y despiertan llenos de energía para hacer sus labores al día siguiente. No les importa gastar su dinero en la otra persona. Planean sus días conforme a lo que la otra persona quiere hacer, y esto nunca les causa molestias, incluso si tienen que modificar sus planes o hacer algo que realmente no les interesa. Simplemente quieren estar juntos.

Básicamente, su mundo entero gira en torno a la persona que aman.

Entonces, en vista de esta descripción, pregúntate si esto es lo que sientes por el Señor Jesús. Si te das cuenta de que tu amor por Él está disminuyendo —o de que ni siquiera has experimentado esta clase de amor por Jesús—, puede ser que necesites un cambio en tu vida si realmente quieres convertirte en un discípulo amoroso. Esto implica estar tan comprometido con Cristo que se convierta en tu principal prioridad —en tu primer amor— sin importar lo difíciles que se tornen las cosas o lo incómodo que te sientas sirviéndole en tus interacciones diarias. Él no quiere que sigas una "religión". ¡Él quiere una relación radical, divertida, preponderante, comprometida y satisfactoria contigo!

__Dios quiere estar con TODOS nosotros__

Mucha gente que he tenido el privilegio de aconsejar y guiar hacia Cristo me ha dicho esto: "Jesús era la última persona que creí que quería en mi vida. Creía en «Dios», pero evitaba por completo a «Jesús». ¡Lo increíble es que cuando encontré a Jesús, descubrí que Él era EXACTAMENTE la persona que buscaba!". Esto se debe a que amar y conocer a Jesús es el vehículo hacia una relación adecuada e íntima con el Padre (Juan 14:6, 9). Dios constantemente nos llama hacia una relación más profunda e íntima con Él; una que puede cambiar nuestras vidas por completo.

Desde que creó a Adán y a Eva en el inicio de los tiempos, Dios ha dejado claro que Él quiere ser nuestra PRINCIPAL prioridad. La gente que "afirma" que Jesús es el Señor, pero que no tiene una relación sustancial con Él, carece de la vitalidad característica de una vida Cristiana alegremente entregada. Saben de Él, hablan como si lo amaran, van a la iglesia, "parecen" Cristianos... pero...

¿Cuánto de su tiempo, talento, dinero, y afecto le dedican realmente a Dios... *comparado* con cuánto se involucran en el mundo o invierten en sus propios intereses? ¿Cómo actúan, qué tipo de lenguaje usan, cuál es su actitud? ¿Cómo se enfrentan a la adversidad? Y ¿cuán evidente es el fruto del Espíritu Santo —amor, alegría, paz, paciencia, bondad, generosidad, fidelidad, gentileza y autocontrol— en ellos? (Gálatas 5:22-24).

Cuando Jesús te dice "sígueme", no está diciendo: "Solo procura portarte lo suficientemente bien como para evitar caer en problemas". Se refiere a buscar un estilo de vida que esté completamente dedicado y envuelto en Él. Quiere que cultivemos una relación tan *profunda* con Él que comencemos a tener Su mente y Su corazón. Quiere que tengamos un deseo jubiloso de cumplir con Su voluntad. ¡Quiere que estemos *consumidos* por Él!

Ahora, detente por un momento a pensar en tu relación con Jesús. Sé honesto. Acaso tú:

- ¿Lo ignoras la mayor parte del tiempo?
- ¿En ocasiones lo dejas para más tarde?
- ¿Lo dejas entrar intermitentemente en tu vida?
- ¿Lo amas y le sirves apasionadamente con la mayor parte de tu vida?

<u>Oh, eso te funciona a *ti*...</u>

Mi relación con Jesús abarca toda mi vida, y la gente a menudo me dice: "Eso está bien para ti, pero no es para todos". Sin embargo, ¡eso no es lo que dice la Biblia! Desde el principio, Dios le dice a Su gente que "no deberán tener otro dios aparte de Él" (Deuteronomio 5:7). Nuestros "dioses" hoy en día pueden ser nuestras parejas, nuestros hijos (este es bastante común), nuestro empleo, nuestro dinero, nuestra apariencia, el internet, los deportes, las redes sociales, los celulares, la televisión, las mascotas, las adicciones, las opiniones de los demás... ¡Y todos sabemos que la lista sigue y sigue!

Este mandato del Viejo Testamento de honrar a Dios sobre todas las cosas continuó siendo válido miles de años más tarde, cuando Jesús llegó a la Tierra. Y hoy por hoy, es absolutamente relevante. Jesús dijo: "Si quieres ser mi discípulo, debes **odiar** a todos los demás. Por ejemplo, a tus padres, a tu esposa y a tus hermanos. Sí, incluso a tu propia vida. <u>De otro modo, no puedes ser mi discípulo</u>" (Marcos 8:34-38; Lucas 14:26; 18:29-30; Juan 12:25-26).

"Odio" en este versículo de Lucas no significa lo que normalmente pensaríamos al oír tal palabra, sino "amar a Jesús TANTO MÁS que a cualquier otra cosa que casi parezca *odio* en comparación". Él deja muy claro que no nos contará entre Sus discípulos si no lo elegimos intencionalmente... ¡MUY POR ENCIMA de todo lo demás!

No se trata de acomodar a Dios en la parte que más nos convenga de nuestros planes y relaciones, ni de permitirle ser nuestro Señor de vez en cuando. Jesús nos dice: "NO deberá haber ninguna competencia ni rival por *Mi lugar merecido* en tu corazón, tu mente, tu espíritu o tu voluntad". Ni siquiera deberíamos colocar a Dios y a la gente en la misma categoría. Él pertenece en Su propio lugar glorificado, apartado y singular en nuestras vidas. *Todo y todos* los demás deberían palidecer en comparación con Él.

¡Y no es porque Dios sea orgulloso! Él sabe que si lo ponemos a Él y a Su Reino primero, finalmente obtendremos el gozo, la paz, la restauración, la esperanza, el propósito y el amor que hemos estado buscando. Y SI elegimos seguirlo antes que a cualquier otra cosa, Él nos promete que se encargará del resto de los detalles de nuestras vidas que suelen consumirnos tanto (Mateo 6:31-33).

<u>Es un estilo de vida, no son vacaciones...</u>

Volviendo a nuestro pasaje en Deuteronomio 5, encontramos una afirmación muy interesante que hace Dios en el versículo 6. Antes de darle los Diez Mandamientos a Moisés, Él nos dice <u>por qué</u> tiene la autoridad de exigirle lealtad absoluta a Su pueblo. Es porque Él *los rescató de la esclavitud.* ¡Él es su Proveedor y su Salvador! Lo mismo ocurre hoy en día con nosotros. Hemos sido comprados con el precioso precio de la sangre de Jesús; rescatados y liberados de *nuestra* esclavitud al pecado (1 Pedro 1:18-19). A cambio, ¡Él merece nuestra absoluta devoción!

Dios también llama a Sus creyentes a que lo sigan *con todo el corazón* cuando les dice que "no deberán tener otros ídolos" (Deuteronomio 5:8-9). Su esplendor y Su poder le dan el derecho de exigir que nuestro afecto principal sea hacia Él.

El Señor prosigue a advertirnos que no debemos usar Su nombre en vano (Deuteronomio 5:11). Esto va más allá de simplemente usar Su nombre como una expresión; también se refiere a que no debemos pronunciar Su precioso nombre indiscriminadamente en nuestras vidas sin representarlo apropiadamente ni darle la profunda adoración y el respeto que merece (Salmos 111:10; Proverbios 9:10).

Después, Dios nos da la instrucción de mantener santo el día de descanso (*Sabbat*) (Deuteronomio 5:12). ¿Por qué? ¡Porque quiere pasar tiempo con nosotros! Él es un Dios de relaciones. Desea que nos olvidemos de nuestras tareas y preocupaciones habituales por un día a la semana porque quiere que descansemos... *en Él.*

Estoy segura de que todos hemos experimentado tiempo "familiar" en fin de semana. Sin embargo, hoy en día, todos parecen estar en el teléfono, la computadora o la televisión, distraídos de las *relaciones* en la familia. La intimidad y las conexiones reales se desechan en nombre del entretenimiento. Tristemente, ese tiempo se pierde y no nos enriquece. Y así es como se siente Dios cuando lo ignoramos para enfocarnos en cosas menos importantes.

Asimismo, Dios ha establecido una manera para que *vivamos* en ese descanso del Sabbat (espiritual) los siete días de la semana: permitiendo que el Espíritu Santo habite en nosotros (Hebreos 4:1-11). El Señor sabe que alcanzaremos la máxima vitalidad, felicidad y productividad **si** vivimos en esa conexión intensamente íntima con Él a diario (Deuteronomio 6:4-9).

Tenemos una enorme responsabilidad en nuestra relación con Dios. Nuestro principal objetivo debería ser acercarnos más a Jesús. Mucha gente aspira a "cumplir con todas las reglas", pero esto siempre resulta en inutilidad y vergüenza. La *verdadera* fe brota de nuestros corazones y se convierte en la fortaleza de nuestras vidas. Cuando permitimos que el Espíritu se apodere de nosotros, nos es mucho más fácil obedecer al Señor porque nuestra vitalidad ahora proviene de *Su* imponente poder, no del nuestro (Hageo 2:4-5; Zacarías 4:6).

El amor sobrenatural que Dios nos imparte cuando nos acercamos a Él nos dará la confianza y el poder que necesitamos tan urgentemente para cumplir con Su voluntad. Él no nos dejará por nuestra cuenta tratando de averiguar la vida, ni nos dejará desamparados.

***Solo quedamos desamparados cuando nos ponemos
a nosotros mismos en el trono.***

Hay mucha gente que puede parecer poderosa y exitosa sin el Señor. Pero en realidad —en el gran plan que tiene Dios para la humanidad—, ellos se parecen al Mago de Oz: son personas que se esconden tras una fachada de grandeza. Ante los ojos de Dios, están fracasando en el único propósito que *realmente* importa en esta vida y la eternidad: tener una relación apasionada con Su Hijo Jesús.

Una vez más, el secreto para una vida Cristiana es este: "Ama al Señor tu Dios con todo tu corazón, con toda tu alma, con toda tu mente y con todas tus fuerzas" (Marcos 12:29-30). En la cultura de hoy en día —sí, incluso en la Iglesia—, pasamos demasiado tiempo amándonos primero a nosotros mismos. De hecho, un gran porcentaje de la Iglesia está enamorada de sí misma, y es por eso que se ha vuelto tan ineficiente alcanzando a los perdidos.

¿Cómo sé si estoy viviendo por mí mismo o por Dios?

Poner a Dios por encima de todo lo demás establece los cimientos para nuestras vidas; sienta una base sólida sobre la que <u>todo</u> lo demás se construye. Si Él no es tu principal prioridad, entonces los cimientos de tu vida no serán sólidos y no te proporcionarán la firmeza necesaria para soportar las tormentas que azoten (Mateo 7:21-27). Dios quiere que tu vida sea estable y que esté llena de propósito para Su Reino, y sabe que Él es el único con el poder para hacer que eso suceda (Filipenses 2:13).

Ahora, leamos Romanos 8:5-14, que claramente nos revela si estamos sirviendo a Dios o a nosotros mismos. A continuación están las Escrituras (las cursivas son mías):

"Los que están dominados por la naturaleza pecaminosa piensan en cosas pecaminosas, pero los que son controlados por el Espíritu Santo piensan en las cosas que agradan al Espíritu. Por lo tanto, *permitir* que la naturaleza pecaminosa les controle la mente lleva a la muerte. Pero *permitir* que el Espíritu les controle la mente lleva a la vida y a la paz. Pues la naturaleza pecaminosa es enemiga de Dios siempre. Nunca obedeció las leyes de Dios y jamás lo hará. Por eso, los que todavía viven bajo el dominio de la naturaleza pecaminosa nunca pueden agradar a Dios. Pero ustedes no están dominados por su naturaleza pecaminosa. Son controlados por el Espíritu *si* el Espíritu de Dios vive en ustedes. (Y recuerden que los que no tienen al Espíritu de Cristo en ellos, de ninguna manera pertenecen a Él). Y Cristo vive en ustedes; entonces, aunque el cuerpo morirá por causa del pecado, el Espíritu les da vida, porque ustedes ya fueron declarados justos a los ojos de Dios. El Espíritu de Dios, quien levantó a Jesús de los muertos, vive en ustedes; y así como Dios levantó a Cristo Jesús de los muertos, Él dará vida a sus cuerpos mortales mediante el mismo Espíritu, quien vive en ustedes. Por lo tanto, amados hermanos, no están obligados a hacer lo que su naturaleza pecaminosa los incita a hacer; pues, *si* viven obedeciéndola, morirán; pero si mediante el poder del Espíritu hacen morir las acciones de la naturaleza pecaminosa, vivirán. Pues todos los que son guiados por el Espíritu de Dios son hijos de Dios".

Este pasaje nos deja claro que si vivimos solo para nosotros mismos: experimentaremos:

Muerte espiritual
Rebelión hacia las cosas de Dios
Hostilidad en nuestras relaciones
Falta de deseo y capacidad para servir a Dios
Incapacidad para dominar las actitudes, conductas y deseos de la carne
(Gálatas 5:19-21).

Pero si vivimos en el Espíritu —si nos equipamos con Su poder—, pensaremos continuamente en maneras de agradar a Dios. Nos llenaremos de vida y tendremos una abundancia de amor, felicidad y paz. Sabremos con certeza que estamos bien parados frente al Señor, y tendremos la conciencia limpia (1 Timoteo 1:5).

Nuestras relaciones serán más tranquilas. Asimismo, no será tan fácil que cedamos ante los pensamientos y las conductas que sabemos que le desagradan a Jesús. En cambio, glorificaremos a Dios al exhibir el hermoso fruto de Su Espíritu. Nos enamoraremos una vez más de nuestro precioso Salvador, y no nos costará trabajo.

CAPÍTULO 1
PASIÓN POR JESUCRISTO
LISTA DE PRIORIDADES

Califica cuán importante es cada uno de estos rubros para ti del 1 al 5; 5 es el máximo nivel de importancia. Esto te ayudará a considerar cuánto de tu tiempo, dinero, mente y esfuerzo inviertes en cada categoría. Si alguna no aplica para ti, déjala en blanco.

- DINERO   1   2   3   4   5
- HIJOS/FAMILIA   1   2   3   4   5
- PAREJA   1   2   3   4   5
- DIOS   1   2   3   4   5
- TÚ MISMO   1   2   3   4   5
- SEXUALIDAD   1   2   3   4   5
- APARIENCIA   1   2   3   4   5
- PASATIEMPOS   1   2   3   4   5
- DEPORTES   1   2   3   4   5
- TRABAJO   1   2   3   4   5
- ENTRETENIMIENTO   1   2   3   4   5
- IGLESIA/RELIGIÓN   1   2   3   4   5
- POPULARIDAD   1   2   3   4   5
- EDUCACIÓN   1   2   3   4   5
- MASCOTAS   1   2   3   4   5

CAPÍTULO 2

PASIÓN POR JESUCRISTO

PARTE 2

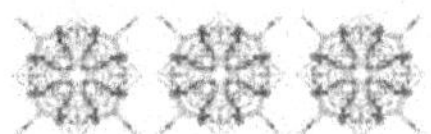

<u>¿Cómo sé si el Espíritu Santo vive en mí?</u>

Lo interesante acerca del Reino de Dios es que es completamente opuesto a nuestros modos humanos. De hecho, la Biblia dice que el Evangelio sonará como una ridiculez para quienes no conozcan a Dios (1 Corintios 1:18-31). Dios, en Su infinita sabiduría, nos revela una manera radicalmente distinta de vivir: "Debemos morir para vivir". "Debemos dar para recibir". "Debemos sacrificarnos para obtener todo lo que realmente anhelamos". "Debemos rendirnos para ser libres".

Y es aquí donde usualmente nos quedamos cortos. No queremos sufrir por nadie, ni sacrificar nada de lo que tenemos. Frecuentemente impedimos que Él cumpla Su propósito para nosotros porque <u>permitimos</u> que nuestra carne, el mundo y el diablo asuman el control de nuestras vidas. Debemos admitir que a menudo somos NOSOTROS MISMOS los primeros èn nuestras vidas, no el Señor.

¡En contraste, cuando el Espíritu Santo **controla** nuestra vida, la expresión de Cristo en nosotros es realmente evidente! Nos volvemos más pacientes y amables; amorosos y sabios; generosos y alegres.

Detente aquí a responder estas preguntas:
- ¿Realmente *conoces* al Espíritu Santo?
- ¿Le temes?
- ¿Piensas que perderás el control de tu vida o que lucirás como un tonto si le concedes más control sobre tu vida?
- ¿Hay evidencia de Su obra en tu vida? ¿Cuál es?

29

Yo seré la primera en confesar: ¡no siempre es fácil ser Cristiana! ¡La Biblia nos dice que debemos CRUCIFICAR nuestra carne! ¡Negarnos a nosotros mismos! Esto no suele ser algo divertido. Pero cuando nos encerramos en nuestra mentalidad de "yo" y "mío" como un niño de dos años, nunca quedamos saciados. Hacemos "pucheros" para que las cosas sean como nosotros queremos, y hacemos berrinche cuando no es así. El problema con esta actitud es que siempre vamos a querer más, pero nunca quedaremos satisfechos. Además, todos sabemos que no es agradable estar cerca de alguien con este tipo de comportamiento ☹.

Dios quiere que maduremos para que pensemos en los demás *al menos tanto* como pensamos en nosotros mismos (Filipenses 2:3). Esto implica ayudar a la gente fuera de nuestra familia *y* nuestra iglesia. Sin embargo, vencer a nuestra naturaleza egoísta solo se logra con el trabajo de Dios en nosotros, conforme estemos en comunión constante con Él.

Un buen indicador del poder del Espíritu en nuestro interior es la manera en que otros responden ante nosotros. ¿La gente nos pregunta por qué estamos tan felices o tan en paz? ¿Se muestran abiertos a que les compartamos de Cristo, pues ven el amor que tenemos por ellos en nuestro corazón? ¿Acaso los no-creyentes actúan de manera más positiva y respetuosa con nosotros que con sus otros amigos? ¿La gente se siente atraída al delicioso fruto del Espíritu de Dios por nosotros?

¿Realmente soy Cristiano?

Volviendo a Romanos 8 (por favor vuelve a leer los versículos 9-14), podemos ver en el versículo 12 que Pablo está hablándoles a los Cristianos, pues se refiere a ellos como "amados hermanos". Pero ¿por qué en el versículo 9 dice "«SI» el Espíritu de Dios vive en ustedes", si se supone que ya eran creyentes? Posteriormente dice: "Los que no tienen al Espíritu de Cristo en ellos, de ninguna manera pertenecen a Él".

Asimismo, este pasaje dice que viviremos SI vivimos por el Espíritu Santo y hacemos morir nuestra carne. Esta relación con Dios se nos da como un regalo gratis, pero muchos de los beneficios prometidos son condicionales (¡fíjate en todos los "si" en este capítulo!).

Por lo tanto, debemos preguntarnos: "¿Realmente estoy cerca de Dios? ¿*Realmente* estoy viviendo por Él, o simplemente estoy fingiéndolo? ¿Estoy accediendo al poder del Espíritu Santo y viviendo regularmente como

Jesús?". Esto no debe hacernos sentir condenados, pero sí debería hacer que nos detengamos a reflexionar de manera constante y honesta sobre nuestras vidas para ver SI el Espíritu realmente habita dentro de nosotros (2 Corintios 13:5).

Como Cristianos del siglo XXI, debemos comprender que el comportamiento humano no ha cambiado mucho desde la Caída en el Jardín del Edén. La Biblia —el manual perfecto de Dios para la humanidad— es experta en comportamiento humano. Conforme la estudiemos, descubriremos que podríamos tener un grave "punto espiritual débil"; uno en el que la vida que vivamos luzca y suene como la de un seguidor de Cristo, pero que carezca completamente del Espíritu. Este es un concepto aleccionador. Las Escrituras que leímos en Romanos también dicen que quedamos bien con Dios CUANDO (y solo cuando) tenemos al Espíritu en nosotros. Esto es porque Él es el único que da vida real; el tipo de vida que es compatible con una relación con nuestro Santo Dios.

Aunque es cierto que recibimos vida eterna y al Espíritu Santo cuando aceptamos a Jesús en nuestros corazones, con el tiempo podríamos convertirnos en personas como las que se describen en la Parábola del Sembrador (Mateo 13:18-23). Podremos haber aceptado a Jesús, pero solo una relación constante e íntima con Él, así como Su fruto en nuestras vidas, serán la *prueba fehaciente* de nuestra decisión de ser salvos (Santiago 3:13; 2 Pedro 1:10).

Mientras influenciemos a la gente en nombre de Jesús y los dirijamos hacia la salvación y el discipulado, produciremos fruto eterno. Tenemos que esforzarnos por no ocultar el trabajo del Espíritu Santo en nuestras vidas, lo cual no solo nos volvería ineficaces, sino que posiblemente también ahuyentaría a la gente de Cristo (Efesios 4:30; 1 Tesalonicenses 5:19).

Hay Escrituras que hablan sobre la gente que piensa que se irá al cielo, pero que, al encontrarse cara a cara con Jesús, se sorprenden al escuchar que Él les dice: "Aléjense de mí, nunca los conocí" (Mateo 7:21-23; Lucas 22:13-27). Para este punto, es posible que estés pensando que solo busco pasajes para hacerte sentir culpable. Pero si lees los Evangelios, verás que la mayoría de las historias tienen exactamente el mismo mensaje: *¡Arrepentirte y tener una relación radical con Jesús cambiará tu vida!*

Como Cristianos, debemos manejar nuestra vida tan bien que no avergoncemos a Dios en este mundo ni nos avergoncemos a nosotros mismos en el día del Juicio (1 Juan 2:28). ¡Nuestro Señor quiere que caigamos rendidos ante Él para que lo glorifiquemos, le llevemos a otras personas y tengamos una vida abundante!

Esa escurridiza "vida abundante"

Hay muchas razones por las que no tenemos la vida abundante de la que Jesús habla en Juan 10:10. Ciertamente no se trata de una vida en la que podamos ponernos cómodos en nuestros sillones mientras recibimos cada bendición que se nos ocurra (Lucas 12:14-21). Esta "abundancia" tampoco se trata de que tengamos un exceso de bendiciones que nos permita disfrutar de la vida, sino de que estemos tan abrumados de amor, paz, felicidad y esperanza que deseemos guiar a este mundo agonizante hacia Jesús.

Esta Escritura en Juan 10 habla sobre una vida llena del Espíritu; esencialmente, ¡una "vida real"! Nuestra naturaleza pecadora nos hace creer que todo *excepto* Cristo nos hará felices. Esto es una mentira; una que, por desgracia, seguramente has experimentado en algún punto de tu vida. En realidad, ¿cuán a menudo sientes felicidad y satisfacción por la gente, los lugares y las cosas que procuras aparte de Dios?

De hecho, la Biblia dice: "El que tiene al Hijo tiene la vida; el que no tiene al Hijo de Dios no tiene la vida" (1 Juan 5:12). Esta *vida* es una de felicidad, vitalidad, entusiasmo, alegría, generosidad, superación y paz. Las Escrituras dejan claro que aunque estemos "vivos" físicamente, realmente estamos "muertos" por dentro si nuestra relación con Jesús no se ha convertido en la más importante (Efesios 2:1-5; Colosenses 2:13).

He escuchado a mucha gente rezando y pidiéndole a Dios que los "bendiga"; esencialmente, que les "conceda" la vida abundante. Están en busca de experiencias que los hagan sentir bien, pero no quieren asumir el "trabajo duro" de crucificar su carne, tomar su cruz y verdaderamente seguir y obedecer a Jesús. En cambio, oran para tener más dinero y menos problemas, pero ¡su enfoque es completamente en sí mismos! Por supuesto que deberíamos rezar por todo sin cesar, pero también debemos permitir que Dios sea Dios y que responda a nuestras súplicas de acuerdo con SU voluntad.

La Vida Abundante se alcanza cuando comenzamos a preguntarle a Dios qué podemos hacer nosotros por *Él*, no al revés. Muy frecuentemente, nuestros problemas y nuestro deseo por obtener gratificación se convierten en el enfoque exclusivo de nuestra relación con Él. Comenzamos a adorar a los "dones" en lugar de al Proveedor de los dones.

¿Carne o espíritu?

Vivimos en una sociedad que exalta todo lo que es contrario a Dios. Sin embargo, Dios quiere "renovarnos" en Cristo Jesús de modo que podamos hacer las cosas que Él planeó para nosotros hace mucho, incluso antes de que naciéramos (Efesios 2:10). "Las cosas que Él planeó para nosotros" incluyen vivir una vida en la que lo glorifiquemos y atraigamos a otros a Su Reino. Hacemos esto al *elegir* vivir en Sus propósitos y en el poder de Su Espíritu todos los días.

Ahora, entiendo que podrás estar pensando: "Si mi relación con Jesús debe abarcar toda mi existencia, ¿cómo se supone que le encuentre un espacio en mi vida? Apenas puedo mantener la vida que tengo sin agregarle una sola cosa más". La respuesta yace en nuestras prioridades. Si solo nos esforzamos por cumplir con nuestros apretados calendarios y por satisfacer nuestros propios deseos, probablemente nos demos cuenta de que estamos viviendo por nuestra "carne", no por el poder del Espíritu Santo. ¡Esto seguramente nos dejará exhaustos!

Cuando nuestra principal preocupación es este mundo, estamos colocando nuestra confianza en cosas que son falsas. Cuando lo único que nos empodera es nuestra propia voluntad, fuerza y decisiones, el resultado suele ser frustración. Sin embargo, cuando Dios es nuestra prioridad, recibimos Su poder y Su sabiduría. Las cosas fluyen de manera mucho más natural, pues ahora tenemos a alguien que lo puede y lo sabe todo ayudándonos, dirigiéndonos y cuidándonos.

- ¿Estás construyendo tu propio "reino" aquí en la Tierra, o estás más preocupado por construir el Reino de Dios? ¿Qué crees que es más importante?

¿Cuáles son algunas maneras de convertirnos en discípulos más dinámicos de Jesús?

1. Deshazte de los ídolos (Colosenses 3:5)

Un ídolo es *cualquier cosa que distraiga la mayor parte de tu tiempo, talento, pensamientos, afecto y dinero de Dios, que es quien más lo merece.*

Una manera de cambiar tus pensamientos y tu comportamiento es comenzando a orar y a preguntarle a Dios qué es lo que Él quiere cambiar en ti. Entonces enfócate en aquella área que requiere un cambio y comienza a eliminarla a diario por una semana o dos.

Después, agrega otra cosa la semana siguiente.

Por ejemplo, digamos que quieres dejar de fumar (o dejar cualquier otro ídolo/adicción). Comienza a eliminar algunos cigarros cada semana por un mes, hasta que lo dejes por completo. ¡Desde luego que tampoco tiene nada de malo abandonar a tus ídolos uno por uno! Puedes escribir sobre tu propio vicio o hábito en esta sección.

Las actitudes son aún más difíciles de destruir. Usualmente se nos dificulta vernos como realmente somos. Nos gusta pensar que somos "buenas personas", pero todos tenemos facetas desagradables en nuestras personalidades. Tal vez tu inclinación pecaminosa sea orgullo, egoísmo, lujuria o descortesía, o quizá digas muchas groserías.

Una manera de lidiar con esto es pidiéndole a un amigo (¡alguien que sea honesto contigo!) que te señale tus debilidades. Después puedes buscar estas actitudes en la Biblia y leer las Escrituras que hablan al respecto. Pídele humildemente a Dios que te resalte la parte de tu pecado que debes trabajar y empéñate en cambiarla.

La Biblia nos enseña que hay tres maneras en las que podemos obsesionarnos con las cosas de esta vida: "Pues el mundo solo ofrece un intenso deseo por el placer físico, un deseo insaciable por todo lo que vemos, y el orgullo de nuestros logros y posesiones. Nada de eso proviene del Padre, sino que viene del mundo" (1 Juan 2:16).

El *deseo insaciable por todo lo que vemos* puede ser pornografía o materialismo; cosas que vemos y que queremos obtener. El *intenso deseo por el placer físico* puede ser alguna práctica sexual inmoral o algún exceso. Y el *orgullo de nuestros logros y posesiones* básicamente se refiere a cuando decimos que no necesitamos a Dios porque somos perfectamente capaces de manejar nuestra vida, y a cuando intentamos apropiarnos del crédito y la gloria de nuestros logros, aunque ni siquiera los habríamos alcanzado sin la habilidad y el talento que Dios nos dio en primer lugar.

Lo esencial aquí es *reducir* el poder que nuestros ídolos tienen sobre nosotros. Tal vez Dios te haya revelado algún rasgo de personalidad o algún hábito en ti que sea contrario a lo que el Espíritu Santo desea. Date cuenta de ello pidiéndole a Dios y a otros en tu vida que amorosamente te señalen tus pecados, hábitos y actitudes. Decide actuar y reaccionar siguiendo los modos del Señor: con amor, alegría, paciencia, amabilidad, gentileza y autocontrol. Poco a poco, comenzarás a notar una diferencia. ¡No es algo fácil, y sin duda se requiere gran ayuda de Dios!

2. Practica AMAR A DIOS

Deshacernos de nuestros ídolos nos libera, permitiéndonos dedicar más tiempo, energía, afecto y recursos para amar a Dios y desarrollar más intimidad y afecto hacia Él. Debes saber que comenzar a hacer estos ajustes será difícil; se trata de un cambio de vida, y tomará algo de tiempo.

¡Desde luego que podemos orar por el deseo de amar más a Dios! ¡Es Su voluntad que lo adores, así que Él ciertamente te ayudará a hacerlo! A mí me gusta cerrar los ojos durante mis tiempos de oración privada e imaginarme físicamente a Dios el Padre, Dios el Hijo y Dios el Espíritu Santo. Aunque el Padre y el Espíritu Santo no son cuerpos físicos, igual pienso en ellos en términos de personas que puedo ver. Esto me ayuda a enfocarme en lo grandes, lo bellos y lo reales que son.

Es una buena idea orar a lo largo del día para que Dios te revele las cosas que quiere que hagas y las personas a las que quiere que les compartas de Jesús.

Esto nos ayuda a amarlo más, pues nos hace más conscientes de las cosas importantes de la vida y nos ayuda a comprender que nuestras decisiones de vida tienen resultados eternos. Si te enfocas intencionalmente en nuestro Dios y deseas amarlo y agradarle, le traerás GRAN alegría ☺.

3. Lee las Escrituras diariamente

Una de las mejores maneras de conocer a Dios y enamorarte de Él es aprendiendo a leer tu Biblia. Esta es una parte *esencial* de ser un discípulo de Cristo. Uno de mis libros favoritos, que me ayudó a estudiar la Biblia cuando me convertí en Cristiana, es *Lo que nos dice la Biblia* (Henrietta Mears, 1983). De hecho, escribí un capítulo sobre "¿Qué es la Biblia?" en mi libro anterior, titulado *Nuevos comienzos: Entendiendo los principios básicos de la fe Cristiana* (Sharon Dutra, 2017/Amazon).

Leer y meditar las Escrituras tiene el poder de cambiar nuestras mentes y vidas. La Biblia es poderosa, está viva y es capaz de discernir los pensamientos e intenciones del corazón (Hebreos 4:12). ¡Esto significa que puede dejar el pecado al descubierto y alinear nuestros pensamientos con los propósitos y las intenciones de Dios!

4. Ora continuamente

Esto implica estar consciente de Dios y de Su involucramiento en nuestras vidas a lo largo del día. Podemos orar en nuestras mentes. También podemos tomarnos un minuto para salir a caminar, o incluso ir al baño, si estamos en la escuela o en el trabajo y necesitamos encontrarnos con el Señor. Podemos orar por otras personas conforme entremos en contacto con ellas a lo largo del día. Nunca subestimes el poder de la oración. No lo olvides: ¡estás hablando con Dios!

¿Cómo podemos aprender a amar a Dios con mayor eficacia?

Considera estas Escrituras sobre las enseñanzas de Jesús:

- Jesús dice: "Mi alimento consiste en hacer la voluntad de Dios" (Juan 4:34). ¡Literalmente somos "alimentados" en nuestras vidas espirituales cuando hacemos lo que Él nos pide! Los verdaderos discípulos de Jesús también debemos recordar este versículo. Frecuentemente nos concentramos tanto en nuestras vidas diarias que ignoramos lo más importante: que Dios nos salvó para glorificarse y para que la gente se acerque a Él. Nos fortalecemos y nos enriquecemos cuando hacemos Su voluntad. Y nunca estaremos más realizados que cuando vivamos de acuerdo a lo que Él desea.
- En Juan 15:1-8, Jesús habla de que "permanezcamos" en Él y del fruto que obtendremos de esta relación íntima con Él. El "fruto" de nuestro verdadero caminar espiritual con el Señor no solo es el enriquecimiento espiritual que obtenemos, sino también la gente que hemos influenciado y que nos acompañará en la eternidad (Juan 4:36).

  Solo una aclaración respecto a nuestra Escritura anterior en Juan 15:7. Jesús dice: "Si ustedes permanecen en mí y mis palabras permanecen en ustedes, *pueden pedir lo que quieran, ¡y les será concedido!*" (las cursivas son mías). Algunas personas sacan este versículo de contexto y dicen: "¿Ya ves? ¡Él me dará cualquier cosa que yo quiera!". Sin embargo, si te fijas en la primera parte de la oración, verás que dice: "***Si*** *ustedes permanecen en mí y mis palabras permanecen en ustedes...*". Esto se refiere a una relación íntima en la que sigamos Su voluntad y Su palabra (la Biblia). Si tenemos Su mente y Su corazón, actuaremos conforme a Su voluntad, no a la nuestra.

No hay NINGÚN propósito más importante en esta Tierra que el de influenciar a otros en Cristo, ganarnos sus almas para la salvación y disciplinarlos en la fe. Además, vivir una vida de santidad es una poderosa prueba tanto para los no creyentes como para los Cristianos débiles. La Biblia dice que los discípulos genuinos de Jesús serán ejemplos vivientes de Su poder y que exhibirán confianza, sinceridad, gracia, sabiduría y una conciencia limpia (2 Corintios 1:12; 1 Timoteo 1:5; 3 Juan 1:11).

- Obtenemos vida auténtica cuando nos "alimentamos" de Jesús (Juan 6:57). Si nos sentimos secos, débiles o ineficaces en nuestro caminar Cristiano, nuestra falta de intimidad con Jesús probablemente sea la raíz del problema. No solo es esencial estudiar la Biblia y orar, sino también "alimentarnos de Jesús", lo que implica pasar tiempo de calidad con otros Cristianos fructíferos y llenos del Espíritu.

  También implica ser activos en nuestras iglesias basadas en la Biblia, bautizarnos, dar el diezmo y recibir la comunión (otra vez, hay más información detallada respecto a estos temas en mi libro *Nuevos comienzos: Entendiendo los principios básicos de la fe Cristiana*). Sin embargo, **solo** podemos hacer estas cosas si estamos en una relación con Dios a lo largo de cada día. Esta "relación amorosa" es lo que debería motivarnos a servirle. Como ya he dicho, sin este vínculo amoroso, lo único que tenemos es religión ☹.

- Aprender a amar a Jesús más apasionadamente también significa escuchar Su voz cuando nos pida que sirvamos a los demás. Conforme hagamos esto con otros Cristianos, edificaremos el Cuerpo de Cristo. Cuando amamos y servimos a quienes no son salvos (familiares, vecinos, empacadores del supermercado, meseros, jefes, compañeros de trabajo, etc.), nos ganamos el derecho de hablarles de Jesús.

  Si vivimos en desobediencia, quizá no tengamos la oportunidad de hablarles de nuestra relación con Dios porque sentirán que somos unos hipócritas, y seguramente ya han visto este comportamiento en incontables ocasiones.

<u>Nuestra actitud es una elección</u>

¿Cómo vivimos en el Espíritu? ¿Cómo podemos volvernos agradecidos en lugar de quejarnos? ¿Cómo nos motivaremos para vivir por Cristo cada día?

- Una buena manera es viviendo en constante gratitud. La gratitud nos ayuda enormemente a amar a Dios. Comienza agradeciéndole por cada cosa en tu vida. Podemos decirle esto inmediatamente después de despertar cada mañana: "Gracias, Señor, por un día más". Podemos levantarnos de la cama y darnos cuenta de que Él ha permitido que nuestros cuerpos funcionen hoy. Al ver las estrellas, el Sol, la Luna, los árboles, las flores, a tus seres queridos y otras cosas que te alegren, puedes decir: "Gracias, Señor, por toda la belleza que hay en mi vida".

  Cuando busquemos comida en la alacena, podemos decir: "Gracias, Señor, por darme abundancia". Agradécele por tu salud, tu matrimonio, tus hijos, tu automóvil, tu hogar, tu trabajo, la alegría de tu salvación y de la vida eterna, la libertad, tus amigos, tu iglesia y cualquier otra cosa que veas o en la que pienses durante el día. Si le agradeces honestamente por cada uno de los regalos que hay en tu vida, puedes desarrollar un corazón verdaderamente agradecido.

  ¡Yo encontré muchas cosas por las cuales agradecerle incluso estando encarcelada! Lo tenía a Él a mi lado, mi Biblia para leer, alimento para comer, un lugar para dormir, una iglesia a la cual asistir y, además, estaba influenciando a otras personas en nombre de Él.

- Escucha música Cristiana. Entrena tu mente para pensar en cosas bellas, verdaderas y valiosas (Filipenses 4:6-9). Es un hábito que deberás cultivar si quieres experimentar victoria y felicidad. De hecho, ¡uno de los subproductos de la alegría es la fuerza! (Nehemías 8:10).

- Otra manera de volverte más como Jesús es entrenando tu mente para que rechace la negatividad. Rechaza intencionadamente los intentos del enemigo por despojarte de tu alegría y tu paz. Él intentará utilizar los bienes de este mundo para abrumarte. También debemos limitar nuestro contacto con gente negativa, incluso si son nuestros familiares, o nuestros hermanos y hermanas en Cristo. Es cierto que nos "convertimos" en las personas con las que pasamos más tiempo.

  ¡La gente perdida de este mundo NO quiere rodearse de personas abatidas, tristes, chismosas o deprimentes! ¡Solo podemos ganar almas para Cristo con una sonrisa en el rostro y con alabanzas en la lengua! ¡Eso SÍ que es atractivo! Especialmente para todas las multitudes que viven tan llenas de problemas, temor y aflicción.

Así que el mensaje fundamental es este: SI ES QUE queremos vivir una vida repleta de completa satisfacción, alegría y poder, será nuestra decisión. No podemos hacernos felices a nosotros mismos, pero podemos elegir enfocar nuestras mentes en los planes y propósitos de Dios. Y la mejor parte es que Él no nos deja a nuestra suerte. El Espíritu Santo está listo y dispuesto para llenarnos con vida abundante. Él puede ayudarnos a alcanzar los propósitos que Dios planeó para nosotros desde antes de que creara la Tierra. Pero tenemos que optar por querer más de Él y menos de nosotros.

¡Sigue a Jesús! Imítalo. Ámalo con todo tu corazón. Búscalo en todo lo que hagas. ¡Así te convertirás en el *especial* seguidor de Cristo —el Cristiano— que Él quiere que seas desde que te creó!

Quizá hoy mismo puedas retarte a comenzar a pasar más tiempo con Jesús. Es posible que tengas que levantarte más temprano para hacerlo. Puedes apagar el teléfono, la radio, la computadora o la televisión. ¡Está bien que te quedes sentado mientras piensas en Él! Háblale como lo harías con un amigo cercano (¡¡esto en realidad se llama oración!!). ¿Por qué no te propones enamorarte de Jesús? Búscalo, persíguelo, sujétate de Él. Él te RECOMPENSARÁ con Su presencia.

*De esto se trata la **vida real** ☺*

CAPÍTULOS 1 Y 2
PASIÓN POR JESUCRISTO
REFLEXIÓN

1. ¿Qué opinas de tu relación actual con Jesús?

____

____

____

____

____

2. ¿Crees que conocer a Jesús de manera más íntima y amarlo más cambiaría tu vida?

____

____

____

¿Te asusta acercarte mas a Él?

____

____

¿Te asusta darle más control de tu vida?

____

____

¿Por qué?

____

____

____

3. **Si decides que quieres reacomodar tus prioridades, ¿qué cambios puedes hacer para poner a Dios en el primer lugar? (Por ejemplo: tomar una clase para aprender a compartir tu fe, ir al gimnasio menos seguido, pasar más tiempo con auténticos creyentes, unirte a un pequeño grupo de estudio bíblico, pasar menos tiempo hablando de tus hijos, mascotas, ahorros, etc., y pensar/hablar más sobre Dios y Su Reino).**

____

____

____

____

____

4. **Si realmente quieres poner a Dios primero, tendrás que tomar una decisión concreta para hacerlo. Sin embargo, el tiempo sigue corriendo, y la gente, las cosas y los eventos eventualmente terminan apoderándose del espacio para nuestra relación con el Señor. Es necesario que busques tiempo para Él cada día. ¿Cuáles son algunas maneras prácticas de hacer esto? (Por ejemplo: levantarte más temprano, reducir tu uso de celular/televisión/computadora, etc.).**

____

____

____

____

____

EL ARADO DE LA TIERRA

CÓMO ABLANDAR LA TIERRA DURA

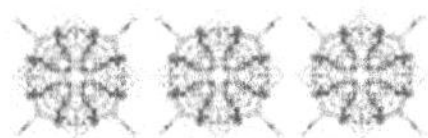

¿Alguna vez has considerado que todas las herramientas que tienes en tu cobertizo son peligrosas? ¡Pueden mutilarte, desfigurarte e incluso matarte! Están las pinzas, las tijeras, el rastrillo y el serrucho. Tanto la podadora como la desbrozadora y el soplador de hojas pueden causarte daño si los usas incorrectamente. Ah, y no olvides la pala, la cuchilla y la motosierra. El fertilizante puede quemarte la piel, y el insecticida puede ser fatal si se ingiere.

Aun así, puedes llegar a necesitar todos estos artículos para crear un hermoso jardín que rinda flores y frutos.

Y después está el aspecto "laboral" de la jardinería. Conforme caves y siembres, se te cansarán las rodillas y te dolerá la espalda. Sudarás y generalmente te ensuciarás. Estarás expuesto a cortaduras, raspaduras, piquetes, mordidas y pinchaduras. Finalmente, deberás continuar retirando las malas hierbas, podando, regando y fertilizando. Y a pesar de todo esto, ¡ni siquiera podrás estar seguro de que tu jardín florecerá!

Entonces, la pregunta es: ¿REALMENTE VALEN LA PENA TODOS ESTOS RIESGOS Y ESFUERZOS?

<u>Las herramientas de Dios</u>

Usualmente ignoramos cuando Dios "poda" nuestras vidas, pero es importante ser autorreflexivos y optar por creer que cuando Dios usa sus herramientas de jardinería para ablandar la tierra de nuestros corazones, preparándolos para recibir semillas espirituales, agua y fertilizante, ¡VALE **COMPLETAMENTE** LA PENA!

Consideremos algunas de las "herramientas" que Dios usa para traer belleza a nuestras vidas: retos, adversidad, dolor, tensión y pérdida. Él no necesariamente hace que ocurran, pero ciertamente las usa para nuestro beneficio (Romanos 8:28). Aunque estas experiencias no son agradables, nuestro ejemplo de la jardinería nos ayuda a comprender que estos suelen ser los métodos que emplea Dios para traer belleza al producto final, que es un carácter santo y el fruto que producimos.

"El arado de la tierra" se trata sobre romper la dureza del suelo y prepararlo para recibir semilla, agua y fertilizante. La analogía espiritual resulta obvia. Debemos permitir que Dios are la tierra de nuestros corazones regularmente. El Viejo Testamento habla de "ablandar la tierra dura". La tierra *dura* consistía en suelos que se dejaban inactivos por un año para que pudieran rejuvenecer, lo que aumentaba su potencial para producir una gran cosecha. Sin embargo, durante este periodo de inactividad, también eran propensos a llenarse de espinas, cardos y maleza. *Antes de la siembra, el agricultor debía retirar todo lo que representara un potencial peligro para la nueva cosecha.*

En Jeremías 4:3 leemos: "Esto dice el Señor a la gente de Judá y de Jerusalén: «¡Pasen el arado por el terreno endurecido de sus corazones!»". Las espinas asfixiaban a las buenas semillas, así que era indispensable retirarlas para que la buena semilla pudiera echar raíz y florecer.

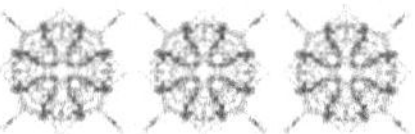

Seguramente ya conozcas la Parábola del Sembrador, pero hoy por hoy, es realmente relevante para nuestras vidas espirituales. Leamos Mateo 13:1-9 y 18:23.

Podemos ver que la TIERRA es el principal elemento de la historia. Eso es porque es la única variable; la única cosa que cambia. Todas las demás condiciones se mantienen iguales: el Sembrador, la Semilla y el potencial para que la semilla sea robada, quemada o destruida por las acciones del mundo.

Mateo 13:13-15 nos dice que el *corazón humano* es como la TIERRA. Nuestros corazones pueden estar en diversas condiciones. Pueden estar secos. Pueden ser duros, lo que no permite que entre nada de bondad. Pueden ser propensos a que se les arrebate la verdad de Dios. Por eso,

Proverbios 4:23 nos dice esto: "Sobre todas las cosas **cuida tu corazón**, porque este determina el rumbo de tu **vida**".

Desde luego que nuestros corazones también pueden ser blandos. Asimismo, podemos tener áreas "duras" y "blandas" en nuestro corazón al mismo tiempo. En esta Escritura, Jesús habla de que debemos *permitirle* colocar tierra fértil en nuestros corazones para que ÉL pueda cultivar una fantástica cosecha; una que traiga plenitud para **nosotros** y gloria para **Él**. Debemos identificar las espinas en nuestras vidas si queremos una cosecha que le agrade a Dios.

Por lo tanto, estas son las preguntas esenciales: ¿le entregaremos verdaderamente nuestras vidas a Jesús, permitiéndole usar cualquier medio que sea necesario para volvernos más parecidos a Él? Además, ¿cuánto fruto produciremos? Las respuestas a estas dos preguntas son directamente proporcionales a la salud de nuestros corazones y a nuestra constante entrega y obediencia a Cristo.

¿Cuáles son la Semilla, el Agua y el Fertilizante en nuestras vidas?

Ya hemos leído que los ingredientes esenciales para una cosecha sana y abundante son buena semilla, agua, tierra fértil y fertilizante. Veamos qué dice la Biblia respecto a estos elementos.

La Semilla

Génesis 1:11 dice: "Después Dios dijo: «*Que de la tierra brote vegetación: toda clase de plantas con semillas y árboles que den frutos con semillas. Estas semillas producirán, a su vez, las mismas clases de plantas y árboles de los que provinieron*»".

¿Lo ves? ¡Incluso desde el inicio, Dios creó frutos productores de semillas! Como criaturas vivientes, los humanos tenemos el mismo potencial. Por ejemplo, podemos engendrar hijos, y ellos comúnmente se verán y actuarán como sus padres. El propósito de la semilla es producir fruto, y el fruto que produzcamos ciertamente será "de la misma clase que aquel del que provenimos".

En otras palabras, lo que cosecharemos será lo que sembremos. Si sembramos en la carne, cosecharemos envidia, división, idolatría, orgullo y miseria. Si sembramos en el Espíritu, recogeremos amor, alegría, paz y bondad.

Del mismo modo, en un sentido espiritual, ¡Dios siembra semillas en nuestras vidas, y espera que al germinar reflejen SU propio carácter!

La gran cosecha

Dios usa la Biblia, nuestras circunstancias, Su Espíritu y a otras personas para ayudarnos a producir una abundante cosecha que nos dé sustento a nosotros y a quienes nos rodean. En la historia del Sembrador, vemos que la "semilla" es la Palabra de Dios implantada por el Espíritu. Al leer la Biblia regularmente, Dios literalmente está *sembrando potenciales cultivos* en nuestras almas, mentes y corazones.

Una manera segura de echar raíces profundas es estudiando la Biblia. No solo leyéndola, sino orando para que Dios te ayude a recibir el mensaje que tiene para ti ese día. Puedes buscar otras Escrituras que tengan el mismo significado que lo que estás leyendo. Utiliza la concordancia y el diccionario que hay al final de tu Biblia para encontrar temas similares. Buscar en los mapas para averiguar dónde se lleva a cabo el suceso del texto ayuda a darle más vida a la Biblia y a su ubicación geográfica.

Pregúntale a Dios cómo se relaciona tu pasaje con tu vida y cómo es que Él quiere cambiarte. ¡Mientras más excaves en la Palabra, más estimulante y emocionante te parecerá! Debemos comprender que sin esta disciplina, seguramente nos convertiremos en tierra seca, dura y llena de espinas que no rendirá vida ni fruto. Leer la Biblia regularmente, obedecerla y permitir que verdaderamente cambie nuestras vidas nos da el poder de vivir como Jesús (2 Timoteo 3:16-17).

El Agua Viva

¿Sabías que un humano puede sobrevivir sin comida por hasta tres semanas, pero solo hasta tres días sin agua? Casi el 60% de nuestro cuerpo está compuesto por agua, y es vital para cada una de nuestras células. Todos sabemos que el agua nos mantiene puros y refrescados. ¿Podría ser esta una de las razones por las que a Dios se le conoce como el Agua Viva en el Viejo Testamento, al igual que a Jesús en el Nuevo Testamento?

Jeremías 17:13 dice: "*Oh Señor, esperanza de Israel, serán avergonzados todos los que se alejan de Ti. Serán enterrados en el polvo de la tierra, porque han abandonado al Señor, la fuente de **agua viva***". Y en Juan 7:38-39a, Jesús se refiere a sí mismo y al Espíritu Santo de esta manera: "*¡Todo el que crea* *en Mí puede venir y beber! Pues las Escrituras declaran: «De su corazón, brotarán ríos de* **agua viva**. *(Con la expresión "agua viva", se refería al Espíritu, el cual se le daría a todo el que creyera en Él)"*.

¿Cómo nos sentimos cuando no tenemos suficiente agua? Cansados, sedientos, débiles y angustiados. Podemos examinar nuestra salud espiritual preguntándonos si el Agua Viva fluye en nosotros. ¿Acaso nuestra vida es un oasis al que otros pueden acudir para llenarse de Jesús, el Agua Viva? ¡El Padre quiere que Jesús y Su Espíritu broten de nosotros al punto en que podamos refrescar, restaurar y rejuvenecer a los demás!

Una de mis Escrituras favoritas, el Salmo 1:1-3, nos dice que produciremos fruto en *todas las estaciones*, pero siempre y cuando "nos deleitemos en la ley del Señor meditando en ella día y noche". Asimismo, estar "plantados a la orilla de un río" implica tener raíces profundas que estén listas para soportar inundaciones, pero que al mismo tiempo sean enriquecidas por el agua que corre. Este es un panorama en el que Dios, Su presencia, Sus modos, Sus planes y Su Espíritu nos consumen. Cuando estamos en una comunión íntima y constante con el Señor, Él se glorifica porque nosotros brillamos con Su gran poder, amor y gloria. La vida de un creyente puede rendir abundantes frutos en todas las estaciones.

- ¿Cómo se compara esta Escritura en el Salmo 1 con mi vida? ¿Estoy desbordando del amor y el poder de Cristo, o estoy secándome y perdiendo interés en Su Reino?

El Fertilizante nutritivo

En Juan 4:34-38, Jesús explica de dónde proviene Su vitalidad: "Entonces Jesús explicó: «Mi **alimento** consiste en hacer la voluntad de Dios, quien me envió, y en terminar Su obra. Ustedes conocen el dicho: 'Hay cuatro meses entre la siembra y la cosecha', pero yo les digo: despierten y miren a su alrededor, los campos ya están listos para la cosecha. A los segadores se les paga un buen salario, y *los frutos que cosechan son personas que pasan a tener la vida eterna*. ¡Qué alegría le espera tanto al que siembra como al que cosecha!»" (las cursivas son mías).

La palabra "alimento" en este contexto se refiere a comida como tal. Es como el fertilizante que "alimenta" a las cosechas. Es la condición de recibir lo que necesitamos para estar vivos. Conforme CUMPLAMOS activamente con la voluntad de Dios, nuestros cuerpos, mentes, corazones, voluntades, relaciones y espíritus se llenarán de vida. Esto nos sustentará y nos permitirá convertirnos en Cristianos fuertes y audaces.

Condiciones esenciales adicionales para obtener tierra fértil

1. Vivir en humildad, dependiendo de Dios para absolutamente todo.
2. Mantenernos en una relación íntima con Él a lo largo de cada día y convertirlo en la principal prioridad de nuestras vidas.
3. Estar en comunión con otros creyentes apasionados.

Humildad

La humildad es un ingrediente vital para la "tierra" que Dios está arando en nuestros corazones. La Biblia dice en 1 Pedro 5:6 que si "nos humillamos ante el gran poder de Dios, Él nos levantará con honor".

¡Preferiría humillarme a mí misma que permitir que mis circunstancias lo hagan! La posición más alta en el Reino es la de un sirviente. Y eso no es solo algo lindo que dice la Biblia; es muy cierto (Mateo 23:11-12). Yo siempre digo: "Si soy humilde, estaré más cerca del suelo y no caeré tan duro". ☺

Me parece importante preguntarme constantemente: "<u>¿Mi vida refleja humildad?</u>".

Aquí hay un fragmento del capítulo de "La humildad" tomado de mi libro *Sea Transformado: Por el Espíritu del Dios viviente*:

La humildad es la imagen de alguien que recibe su fuerza, paz y dirección del Señor. Es alguien que conoce sus fortalezas y limitaciones y, sin embargo, le permite a Dios ser el jefe de su vida. Y es alguien que se siente confiado y seguro en su posición, no anda en busca de prestigio, ni necesita imponer su autoridad en cada situación.

La definición bíblica de la humildad es muy diferente a las cualidades que nuestra sociedad egoísta le impone. Lejos de ser débil, la humildad significa 'fuerza bajo control'. El diccionario describe la humildad como 'modestia' o 'recato'. Pero la verdad es que es un estilo de vida que pone a otros primero. Y requiere de gran fortaleza y autocontrol porque la gente que es humilde ante el Señor, actúa constantemente de una manera a su naturaleza pecaminosa.

Ellos deciden amar cuando son odiados. Ellos deciden compartir tiempo, talento y dinero en vez de guardarse todo para sí mismos. Y ellos tienen el poder de Dios y la valentía de hacer el bien hacia los demás, aun cuando se enfrentan al mal. No es de extrañar que sea difícil encontrar aquellos que demuestran la humildad genuina.

Conforme nos humillemos, Dios se exaltará. Solo puede haber una persona en el trono, y si nosotros intentamos sentarnos en él, lo único que los demás verán en nuestras vidas será egoísmo. Pero cuando permitimos que DIOS se siente en el trono, SU amor y SU poder serán lo único que emane de nosotros. *¡Yo quiero ser menor para que Él pueda ser el grande!* ¡¡Yo sé cómo era mi vida antes de que Dios tomara control de ella, y sé que intentar sentarme en el trono no me traerá nada bueno!! ☹

La segunda manera en que podemos mantener nuestra tierra fértil es permaneciendo en contacto con Jesús a lo largo de cada día y convirtiéndolo en la principal prioridad de nuestra vida. El "estar demasiado ocupados" puede ser uno de los peores enemigos para nuestra vida en Cristo, pues constantemente somos bombardeados con cosas que debemos cumplir, lugares que debemos visitar y personas que debemos ver. Trabajamos, tenemos pareja e hijos, sentimos la necesidad de ser atractivos todo el tiempo, nos encargamos de las labores domésticas, pagamos las cuentas y hacemos un sinfín de otras cosas. Frecuentemente, Jesús es la última persona con la que nos comunicamos en medio de nuestras ajetreadas rutinas. Y aun así, nos preguntamos por qué nos sentimos estresados, débiles y llenos de culpa.

Hay una excelente analogía para este concepto, y la escuché en un mensaje que dio mi Pastor sobre los pozos del Viejo Testamento. Una de las maneras en las que los enemigos de Israel los dominaron fue llenando sus pozos de agua con tierra. Por supuesto que, sin agua, la gente murió. ¡Este concepto es increíblemente relevante en nuestras vidas hoy en día! Llenamos nuestras vidas con cosas que no tienen valor eterno, y estas cosas acaparan la vida que Jesús está intentando impartirnos: Su Agua Viva.

Oseas 10:12 dice: *"Planten buenas semillas de justicia, y levantarán una cosecha de amor. Aren la dura tierra de sus corazones, porque ahora es tiempo de buscar al Señor para que Él venga y haga llover justicia sobre ustedes"*. ¡La tierra dura no puede absorber agua! La justicia de Dios reinará en nosotros en proporción directa a la blandura de nuestros corazones. Aunque Dios realiza el trabajo de restauración y redención en nuestros corazones para que podamos recibirlo, es nuestra responsabilidad mantenernos puros (del mundo) (2 Timoteo 2:21).

Una tercera manera de mantener nuestra tierra fértil es pasando tiempo de calidad con otros Cristianos que verdaderamente actúen como Jesús. Ten cuidado al rodearte de personas —incluso si son "Cristianas"— que sean tóxicas, negativas, chismosas o que te drenen de energía. Procura a los creyentes que te enriquezcan, así como a aquellos que estén dispuestos a juzgarte para que crezcas en tu fe.

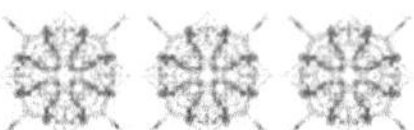

Hemos hablado de permitir que Dios "are nuestra tierra" y de aceptar sus técnicas de "podado". ¡Permite que Él trabaje en ti! A través de tus dificultades y preocupaciones diarias, relájate y cuida la manera en que reacciones ante las cosas que te estresan. Hay que rendirnos a la orientación de Dios, no obligarnos a estar en control. Pedirle a Dios Su opinión sobre nuestras decisiones nos traerá claridad y nos dirigirá por el buen camino. Volverlo tu primera prioridad literalmente simplificará y enriquecerá tu vida.

Hay muchas circunstancias que no podemos cambiar, pero ¡NOSOTROS podemos cambiar! Es extremadamente importante orar y leer la Biblia. A lo largo del día, dale gracias a Dios... pídele que te dé Su sabiduría y Su orientación en tus actividades. ¡Aprende a apagar tu computadora o tu radio, o a ignorar tu teléfono para *pasar un rato con Jesús*!

¡Este mensaje no pretende añadir estrés a tu rutina, que seguro ya está bastante apretada! ¡Esto es una PRIORIDAD que debes asumir! Si lo ponemos a ÉL primero, las demás cosas transcurrirán mucho mejor (Mateo 6:33). Cambiaremos y comenzaremos a provocar cambios eternos en quienes nos rodean. Jesús merece nuestra absoluta devoción, y Él sabe que funcionaremos mejor si lo mantenemos en el centro de nuestras vidas.

Quizá te sirva escribir cómo luce tu rutina diaria y pensar en las actividades que te parecen importantes, pero que en realidad no tienen valor. Comienza a dirigir tu vida hacia el Reino. Necesitamos el alimento de Dios —que es realizar Su voluntad—, pues somos sus embajadores de sal y luz en este mundo. Estas son las actividades esenciales en tu vida Cristiana. Además, ¡te traerán recompensas que ni siquiera puedes imaginar!

CAPÍTULO 3
EL ARADO DE LA TIERRA
REFLEXIÓN

1. ¿Estás permitiendo que Dios use alguna adversidad en tu vida para moldearte o formarte? O ¿frecuentemente permites que tus circunstancias te molesten y te desilusionen?

____

____

____

2. ¿Crees que los retos a los que te enfrentas ahora son resultado de tus malas elecciones, o de la labor divina de entrenamiento y arado de Dios?

____

____

____

3. ¿Estoy cumpliendo con la voluntad del Padre? ¿O estoy consumiendo mi tiempo con mis propios propósitos? La manera más común de determinar esto es respondiendo:
1. En qué inviertes tu tiempo:

____

2. En qué sueles pensar:

____

3. En qué gastas tu dinero:

____

4. ¿Cuál es la tierra que llena los pozos de tu vida? Este es el "relleno" que acapara tu VIDA REAL en Cristo.
¿Qué te tiene tan atrapado al punto en que te distrae de tu relación con Jesús? (La mayoría de estas cosas no son negativas

como tal, pero si pasas tanto tiempo haciéndolas que ignoras tu tiempo personal con el Señor, quizá valga la pena echar un vistazo...).

Algunas posibilidades son: ¿Cónyuge/Pareja? ¿Hijos? ¿Trabajo? ¿Ministerio? ¿Voluntariado? ¿Estar demasiado ocupado? ¿Religión? ¿Computadora/Teléfono? ¿Mascotas? ¿Tu apariencia?

____

____

5. **¿Qué clase de fruto estás produciendo actualmente en tu vida que se relacione con acercar a otros a Jesús?**

   Esto puede incluir el Fruto del Espíritu (amor, alegría, paz, paciencia, amabilidad, bondad, fidelidad, gentileza y autocontrol), un carácter divino y acercar a otros a Cristo compartiendo verbalmente tu fe con ellos.

   También puede incluir: posiblemente cambiar la manera en que te vistes y te expresas, los temas de los que hablas y la manera en que tratas a la gente.

   ____

   ____

6. **¿Qué clase de fruto *te gustaría* estar produciendo?**

   ____

7. **Determina 2 maneras en las que puedes comenzar a traerle una gran cosecha de almas perdidas a tu Señor.**

   ____

   ____

8. **Escribe una cosa que estés dispuesto a cambiar en tu vida hoy mismo para convertir a Dios en una prioridad.**

   ____

CAPÍTULO 4

LA CONSTRUCCIÓN DE LOS CIMIENTOS

PARTE 1

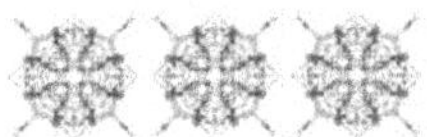

El sentido común nos dice que necesitamos una base sólida para la mayoría de las situaciones de nuestras vidas. Por ejemplo, si vamos a estudiar una licenciatura en matemáticas, necesitamos los ladrillos básicos: excelentes habilidades de suma, resta, multiplicación y división. Si queremos construir una casa, necesitamos cimientos sólidos para que quede firme y no se caiga. Este concepto es el mismo que cuando empezamos nuestra vida en Cristo.

Pero es justo aquí donde tantos creyentes fallan. No tienen ningún cimiento real en su camino Cristiano. Aceptan gustosamente a Jesús en la salvación, pero no suelen recibir discipulado y nadie les enseña verdades Cristianas básicas. Por lo tanto, terminan negándose a aprender principios Cristianos por sí mismos.

Pensando que esta tarea le corresponde al Pastor, van entusiasmados a la iglesia y escuchan el sermón cada semana. Sin embargo, si a los creyentes no se les enseña a cultivar tiempo diario, privado y de calidad con Dios y Su Palabra, ¡es como si solo consumieran una comida a la semana!

Entrenamiento esencial

Sin este tiempo regular e íntimo con Dios, es muy fácil que terminemos confundidos y débiles en nuestra fe. Si escuchamos y estudiamos la verdad de Dios solo una o dos veces a la semana, no nos quedará de otra más que creer todo lo que el mundo nos dice. Es *vital* que convirtamos a esta comunión significativa y diaria con el Señor en una prioridad. De otro modo, seremos propensos a enfocarnos más en las "realidades" de *este* mundo y en nuestra existencia diaria que en los planes y propósitos de Dios para nuestras vidas. Si estamos escuchando la voz del diablo durante la mayoría de nuestras horas, sin duda nunca lograremos superar nuestras pruebas.

Por ende, si todo a lo que estamos expuestos es negativo y falso, poco a poco perderemos la sensibilidad ante el hecho de que Dios y Satanás están batallando por las almas humanas de esta Tierra. Esta guerra es de la más alta importancia. Debemos estar armados y listos cada día; no solo para nosotros mismos, sino para los demás que necesitan a Jesús. Necesitamos urgentemente que la verdad de Dios contrarreste los ataques mentales, emocionales, físicos y espirituales a los que nos enfrentamos. De nuevo, esta es la razón por la que *debemos* convertirnos en estudiantes de la Biblia y la oración si pretendemos vivir como Jesús desea.

Dado que las vidas eternas están en juego, nosotros como Cristianos debemos enfocarnos firmemente en Cristo, nuestra Roca, y luego esforzarnos por hacer que las demás personas sean nuestro interés *primario* en esta vida (Isaías 26:3-4; Mateo 6:31-33; 28:18-20). Como frecuentemente digo, cuando estemos cara a cara con nuestro Señor, lo único que le importará será el modo en que hayamos usado nuestras vidas para glorificar al Padre y traer a otros hacia Él.

¿Un crucero o una batalla?

No hay duda alguna: estamos en medio de una terrible guerra. Cualquiera que preste atención podrá ver que el mundo cada día se vuelve más aterrador. Sin embargo, ¡los Cristianos actuamos más como si estuviéramos en un crucero que en un barco de guerra! Nos gusta pensar que como somos "salvos", estamos protegidos de los ataques de Satanás y encaminados hacia el cielo. En serio. ¿Acaso un soldado se enlista, entrena durante meses para ir a la guerra y luego se relaja una vez que las balas están volando?

Es el mismo principio con la guerra espiritual. La salvación es solo el primer paso de nuestra experiencia Cristiana. Es la parte en la que nos "enlistamos". ¡Debemos estar conscientes de que cuando aceptamos a Jesucristo en nuestras vidas, literalmente estamos enlistándonos para ir a la guerra! Y no hay manera de pelear esta batalla sin las armas necesarias (Efesios 6:10-18). Somos ingenuos si no nos preparamos, pues un soldado herido, holgazán o desinformado no es útil para su líder o sus camaradas.

Nuestra principal arma es la Biblia. Su verdad es eterna y es lo suficientemente sólida como para construir los cimientos de nuestras vidas sobre ella. Pero esto no servirá de nada si tan solo la llevamos a la iglesia cada semana (2 Timoteo 3:14-17; Hebreos 4:12). Debemos estudiarla, comprenderla y obedecerla con la misma meticulosidad con la que un soldado conoce y sigue su manual y sus órdenes, pues verdaderamente ES la diferencia entre la vida y la muerte.

Nuestra segunda arma esencial es la oración. Sin embargo, las palabras que emanan de los labios de alguien que es indiferente a nuestro hermoso Salvador, o que no siente pasión por las almas condenadas a ir al infierno, no podrán mover el corazón de nuestro Dios. Además, usualmente oramos solo por nosotros mismos y por nuestra propia voluntad, pero nos negamos a orar por la gente en nuestro entorno. ¡Ojalá cambiemos nuestros corazones de piedra por corazones tiernos! (Ezequiel 36:26-27). ¡Ojalá anhelemos las cosas que son importantes para Dios!

Este capítulo, "La construcción de los cimientos", te explicará las verdades bíblicas esenciales que debes creer y poner en práctica antes de seguir construyendo tu fe Cristiana. Hablaremos fuertemente sobre *quiénes somos en Cristo*. Incluso si llevas muchos años siendo creyente, tal vez quieras revisar estos principios para reforzar los fundamentos de tu fe.

Es imperativo que el discípulo dinámico de Jesús comprenda este tema, pues nuestra "cosmovisión" se forma cuando entendemos y creemos profundamente en lo que *DIOS* nos dice sobre quiénes somos. Esta cosmovisión básicamente es nuestra actitud ante todo lo que se relaciona con nuestra vida y la manera en que lo procesamos. Por lo tanto, tiene un impacto significativo en cómo amamos a Dios y servimos a otros en Su nombre.

Nuestra posición en Cristo

La mayoría de la gente suele preguntarse por qué Jesús es considerado "El Único Camino". Creen que "todos los caminos llevan a Dios", o que "es ingenuo creer que solo existe un camino". Pero el mismo Dios nos dice en Sus propias palabras —la Biblia— que para tener una relación íntima con Él, tenemos que *volvernos* rectos. Somos incapaces de evitar la oscuridad en nuestras vidas y de vivir sin pecado (1 Juan 1:6-8).

Aun así, necesitamos de DIOS para ser dignos ante Sus ojos, pues simplemente no podemos volvernos lo suficientemente buenos por nuestra cuenta como para estar en comunión con un Dios Santo. Si lo piensas, esto tiene sentido porque está claro que, como humanos, somos frágiles y falibles. Necesitamos a alguien mucho más grande para que nos salve e interceda por nosotros.

Nuestra "posición" en Cristo puede entenderse con la analogía de alguien que diseña y decora una casa. Cada objeto se coloca en un lugar particular con algún propósito o diseño en mente. Lo mismo ocurre con nuestro lugar específico en el plan de nuestro Padre. Él *nos coloca* donde nos quiere, con nuestro gran propósito y Su gran diseño en mente. No es una decisión arbitraria ni de último momento; es algo intencional. De hecho, ¡Dios trazó el "plano" para nuestras vidas incluso antes de que naciéramos! (Efesios 1:3-8). No es hasta que intentamos salirnos de Su posición que nos sentimos fuera de lugar.

Una de las realidades principales que los Cristianos debemos aceptar es que hemos sido amados, perdonados, equipados y elegidos por Dios desde antes del inicio de los tiempos. Y aunque es cierto que Él ama a cada ser humano por igual (Juan 3:16), tiene un lugar especial en Su corazón para quienes genuinamente lo aman de regreso. Es increíble que Él conociera a Sus seguidores incluso desde antes de que creara la Tierra (Romanos 8:29-30).

Conforme aceptemos el plan y los propósitos de Dios para nuestras vidas, nos será más fácil dejar atrás nuestra preocupación con nosotros mismos. Cuando creemos que ya somos amados y que le pertenecemos a Dios mediante la salvación, nos liberamos de la necesidad de buscar aprobación. Cuando *realmente asimilamos* la idea de que *ya* somos completos en Cristo, podemos combatir el mito de que necesitamos ser "lo suficientemente buenos" para Dios. Esta es SU verdad; ¡Él *ya ha declarado* que somos lo suficientemente buenos! Esto nos libera para servirle con todo nuestro ser, pues no tenemos que preguntarnos si tenemos la fuerza o la dignidad necesarias para Su llamado. Entonces, podemos ponernos a trabajar en todo lo que Él tiene planeado para nosotros (Efesios 2:9-10).

Mientras nos volvamos saludables y seguros en Cristo, naturalmente veremos hacia afuera y nos enfocaremos en la gente que sufre a nuestro alrededor. Si somos Sus auténticos seguidores, haremos todo lo posible para influenciar a quienes necesitan de Él. Si el Señor yace en nosotros y con nosotros, comenzaremos a aprender a amar las cosas que Él ama. Por lo tanto, empezaremos a entender por qué la misión principal de Jesús fue, y es, buscar y salvar a los perdidos (Lucas 19:10).

Todos tenemos una labor especial y única por hacer en nombre del Señor. ¡Él ya nos ha programado para lo que quiere que hagamos en Su nombre! De hecho, fuimos *creados* para vivir **Su** plan específico para nosotros; es por eso que nunca nos sentimos completamente satisfechos en la vida hasta que estamos en una relación con Él, cumpliendo *Su* voluntad para nuestras vidas (Jeremías 29:11). "Hacer lo nuestro" nos saca del camino. La verdad es que nunca sentiremos plenitud ni alcanzaremos nuestro verdadero destino si seguimos nuestros propios planes (Proverbios 14:12).

Al saber esto, adquirimos estabilidad en nuestro razonamiento porque podemos estar seguros de que Él ya ha creado un gran diseño, tanto para los acontecimientos del mundo como para nuestras vidas individuales. Podremos dejar de preocuparnos y desesperarnos por "cómo van a salir las cosas", y aprenderemos a buscar Su orientación a través de la oración, de Su Palabra y de Su Espíritu. Conforme obtengamos confianza, podremos salir valientemente a invitar a otros hacia la magnífica vida que Jesús ofrece.

¿Quién soy yo?

En el momento en que recibimos la salvación, (Romanos 10:9), Dios, a través de Su misericordioso Espíritu Santo, *nos pone* en una relación correcta con Él (Génesis 15:6; Romanos 5:21; 8:33). SOMOS nuevas criaturas en la conversión porque Dios así lo quiso, no por lo que hayamos hecho, por lo que pensemos o por cómo nos sintamos.

Pero esta "creencia" es más que algo simbólico o pasajero; es un nuevo estilo de vida empoderado por Dios mismo (Efesios 4:20-24). ¡Qué alivio saber que no nos corresponde a nosotros subir la escalera del Reino hacia la perfección!

Estamos tan acostumbrados a medir nuestras vidas de acuerdo con nuestros sentimientos que cuando no nos "sentimos" amados, santificados, perdonados o valiosos, lo tomamos como una verdad. Pero nuestra responsabilidad es **creer** en lo que dice DIOS sobre nosotros en Su Palabra (2 Tesalonicenses 2:13-14). Aunque es cierto que nuestra vieja naturaleza siempre será parte de nosotros y que fallaremos de vez en cuando, ¡la labor perfecta de Cristo en la Cruz nos ha librado a los creyentes de una vez por todas del castigo que merecemos por nuestro pecado! (Hebreos 9:12; 1 Pedro 1:2).

El Evangelio nos deja claro que si estamos enamorados de Jesús, desearemos sumergirnos más en Su presencia y obedecer las instrucciones que nos ha dejado en la Biblia. El Espíritu de Dios trabaja en los profundos cambios que necesitamos con tanta urgencia en nuestros corazones y mentes. ÉL nos da el *deseo* y el *poder* de volvernos puros, lo que nos vuelve más como Jesucristo (Filipenses 2:13).

Conforme **nos adentremos** en esta relación con Dios, Él realizará la transformación necesaria para que podamos vivir en victoria. Solo toma en cuenta que tomará esfuerzo y trabajo mantener nuestra relación con Dios; es una alianza, no un esfuerzo unilateral. Dios hará por nosotros lo que nosotros no podamos hacer, pero no lo que sí (2 Timoteo 2:15; 2 Pedro 1:10; Apocalipsis 14:13).

Por último, debemos entender y aceptar la verdad de que nunca "nos encontraremos a nosotros mismos" —como afirman tantos grupos y libros de autoayuda— sin estar en una relación íntima con Jesucristo. Esto se debe a que fuimos creados a la imagen de Dios. Solo Él conoce las profundidades de nuestros corazones y mentes, y sabe cómo funcionamos mejor.

Los esfuerzos humanos y la psicología jamás lograrán sondear por completo nuestras profundidades, nuestros secretos o nuestras verdaderas motivaciones. Solo Dios puede sanarnos por completo y redirigirnos hacia el camino que trazó para nuestras vidas desde antes de que se creara el mundo (Efesios 1:4). Solo Él puede darnos la sabiduría, la fuerza, el conocimiento y el poder sobrenatural para vivir en harmonía con Él, lo que nos traerá paz, amor, alegría, esperanza y propósito.

Ahora, profundicemos en nuestro tema y leamos sobre quiénes considera Dios que somos en Cristo:

    1. Somos hechos justos... Romanos 4:1-8. Dios ama a la gente intensamente. Desde el inicio de los tiempos, Él ha deseado estar en fraternidad con nosotros. Pero, como todos sabemos, Adán y Eva rechazaron esta relación y optaron por el pecado. En otras palabras, "siguieron su propio camino" ☹ en lugar de vivir como Dios deseaba.

    Al preferir sus propios métodos, ya no podían asociarse con Dios de manera íntima debido a que Él es absolutamente puro y santo.

De hecho, aquella rebelión arruinó a toda la raza humana. Desde entonces, cada persona nace en el pecado (Romanos 3:9-19).

Asimismo, Dios dice que **no existe salida** de nuestro estado caído, excepto a través de Jesucristo (Romanos 3:21-26). No hay ningún pago humano que sea lo suficientemente grande como para borrar nuestro pecado, y ningún humano tiene el poder de llevar a otro al cielo. Esta es precisamente la razón por la que Jesús, como Dios, murió por nosotros (Romanos 4:20-25).

JESÚS tomó el castigo que merecíamos porque —presta atención— *solo DIOS podía haber tolerado Su propio enojo ante el pecado*, pues ese tipo de enojo (ira) nos habría destruido. Por lo tanto, Dios dice que nosotros, que somos salvos, ahora somos justos frente a Su mirada. Gracias a Su misericordioso sacrificio, los Cristianos ahora somos santos ante Sus ojos.

Cuando Él mira a los creyentes, ve la Sangre de Jesús —el pago del sacrificio— cubriéndonos. Cristo literalmente murió en nuestro lugar. Asumió todo el peso de nuestro pecado gracias a Su gran amor por nosotros. En lugar del castigo que nos merecíamos, nos dio libertad y una relación completamente restaurada con Dios el Padre. Recuerda: es Dios quien nos vuelve santos y nos libra de la culpa *para Él*. La Salvación no es algo que se gane ni por lo que haya que trabajar (Romanos 5:16; Colosenses 1:22).

La gran expiación

Por favor ten paciencia mientras explico algunos conceptos del Viejo Testamento. Tal vez ya hayas estudiado la Biblia, pero quiero asegurarme de que todos los lectores estén familiarizados con su contenido. Parte de la información podrá parecer tediosa, pero quizá pueda ayudarte a formular lo que debes decir al compartir tu fe.

En el Viejo Testamento, el sacrificio animal fue instaurado por Dios como una manera de resarcir el pecado humano y de mostrarle a Su gente lo severo que realmente era su pecado. Al ver cómo se derramaba la sangre animal, ellos comprendían que el pecado tenía un precio alto: **una vida**. La Biblia dice: "Sin derramamiento de sangre no hay perdón" (Levítico 17:11; Hebreos 9:22). El propósito de este sistema nunca fue *borrar el pecado*; simplemente lo cubría para que Dios pudiera asociarse con gente no santa.

Es importante comprender que este sistema de sacrificios nunca estuvo destinado a ser permanente. Era un símbolo, si así quieres verlo, del gran sacrificio que Jesús haría por el mundo siglos más tarde.

Otra vez; a diferencia de estos sacrificios temporales, el de Jesús fue un pago final, único y eterno en nombre de los pecadores. Jesús, el Sacrificio Perfecto, es Dios mismo. De hecho, Su nombre es Emmanuel, que significa "Dios con nosotros". Él literalmente ha *borrado* el pecado de quienes lo han aceptado, volviéndolos dignos de entrar en una relación íntima con Dios (Romanos 1:15-17; 1 Tesalonicenses 5:23). A través de Su Espíritu Santo, que también es Dios, Él ahora habita dentro del creyente. Como personas que han sido purificadas y santificadas, los Cristianos ahora son conocidos como "El Templo del Espíritu Santo" (1 Corintios 6:19-20).

Si miramos atrás, hacia la época en que Jesús llegó a la historia, veremos que los judíos, que eran la gente elegida de Dios, llevaban siglos sabiendo sobre la necesidad de un sacrificio para perdonar pecados. Por lo tanto, comprendieron la relevancia de la muerte de Cristo cuando fue crucificado. Estos viejos rituales del Viejo Testamento pretendían apuntar hacia Jesús, que se convirtió en el sacrificio definitivo, perfecto y final para el mundo. Aun así, muchos se rehusaron a creer en Él (Mateo 13:54-58).

Así que la rectitud que se les da a quienes aceptan a Cristo se alcanza completamente mediante el sacrificio de Jesús. La Biblia dice que durante la Crucifixión, nuestro precioso Salvador literalmente CARGÓ CON EL PECADO DEL MUNDO por 3 horas, mientras Dios desahogaba Su furia por el *pecado humano* sobre Cristo, que nunca pecó (2 Corintios 5:21).

Por eso Jesús dijo: "Dios mío, Dios mío, ¿por qué me has abandonado?" mientras colgaba de la Cruz. Él y el Padre habían tenido una comunión eterna, profunda e íntima a lo largo de los tiempos, pero en ese momento, mientras Su Hijo cargaba con el pecado del mundo, Dios no podía relacionarse con Él (Mateo 27:45-46). Ahora vemos esta hermosa imagen de lo que Jesús hizo por nosotros.

Jesucristo nos extiende el perdón para nuestras almas, y ese es el camino para alcanzar una relación restaurada con Dios y con el resto de la gente. Conforme nos empapemos de Su perdón, nuestra culpa será eliminada y nos sentiremos libres para estar cerca de Él.

Toma en cuenta que Dios se siente profundamente dolido cuando nos rehusamos a recibir el don de salvación y vida eterna que Él nos ofrece.

Rechazar esta clase de amor es como si murieras al salvar la vida de alguien más... ¡pero la persona que rescataste fuera completamente ingrata y le dijera a los demás que se salvó sola!

Finalmente, solo JESÚS fue capaz de convertirse en el Gran Sacrificio porque nuestros simples sacrificios (incluso nuestras vidas mismas) no eran lo suficientemente inmaculados como para satisfacer a Dios. Él necesitaba una vida perfecta, sin mancha ni arruga (Levítico 22:17-20; Romanos 8:1-4; Hebreos 9:13-14). Jesús, *como Dios*, era el único que cumplía con ese requisito. Es por eso que Jesús nos dice que Él es el único camino al Padre (Juan 8:24; 14:6).

¡Lo más interesante es que hubo más de 300 profecías sobre Jesús miles de años antes de que naciera! En el Antiguo Testamento, a Él se le conoce como "El Mesías", que significa "Ungido". Por ende, el pueblo judío no tenía excusa para no reconocerlo y aceptarlo. Sin embargo, estaban tan arraigados en su orgullo, su poder, su egoísmo y su dinero que rechazaron a su mismísimo Salvador.

Esto sigue ocurriendo hoy en día (1 Corintios 1:18-25). Comúnmente nos dicen: "DEBES hacer *algo* con Jesús; esa es la decisión más importante que tomarás en tu vida". Lo cierto es que, o la gente se ofende por Jesús, o piensan que creer en Él es una tontería, o lo aceptan como Señor y Salvador.

Al leer las Escrituras, entendemos la razón por la que Jesús estaba tan molesto con los líderes religiosos judíos de Su época. Él estaba intentado mostrarles que sus reglas humanas no servían para llevar a la gente al arrepentimiento genuino y a la plenitud de vida. Era a través de la fe en *Él* que encontrarían intimidad con el Padre (Gálatas 2:16). ¡La fe era lo que los volvería justos ante los ojos de Dios, no sus rituales ni su religión! (Romanos 5:1-2). A la gente aún le cuesta comprender este concepto hoy en día.

Aunque es importante tener "conocimiento" espiritual, debemos estudiar y entender las Escrituras; este conocimiento solo se vuelve útil si lo asimilamos en nuestros corazones y si permitimos que controle nuestras mentes y voluntades. Los humanos destacan si intentan sustituir su información cerebral con una relación profundamente personal con Jesús. Pero a Él nadie lo engaña. Él quiere nuestro ser entero (Marcos 12:29-30).

¿Por qué es tan importante nuestra fe?

El "ser convertidos en seguidores justos por Dios" es algo similar a un principio legal conocido como "imputar", cuyo significado también es cercano al de "asignar" o "acreditar". Piénsalo en términos de un heredero de la realeza: incluso si a veces no *actúa* como príncipe, ¡ES un príncipe!

Es increíble que cuando aceptamos genuinamente a Cristo en nuestros corazones, *renacemos* en la familia de Dios (Romanos 8:29-30). Por lo tanto, ¡SOMOS justos, al igual que Abraham, el gran patriarca espiritual de pueblo hebreo! Es un **hecho**. Pero, otra vez, se debe a lo que Dios hizo por nosotros —es Su regalo—, y ciertamente no a lo que nosotros hagamos, sintamos o pensemos.

Es común que no nos sintamos justos (completamente rectos frente a Dios), pero mientras hayamos aceptado a Jesús en nuestras vidas, es un hecho que somos justos, pues así lo dice DIOS. Por si fuera poco, como Cristianos, hemos nacido en la realeza (1 Pedro 2:9).

Aunque Dios *nos asegura* que somos justos gracias al pago de Cristo por nuestro pecado, no significa que siempre vayamos a *actuar* o a *sentirnos* justos. Por esta razón, incluso podríamos oponernos a Dios y decirle: "¡Yo no soy justo!". Pero cuando decimos esto, estamos demostrando que no entendemos **lo que Dios ya ha hecho por nosotros**.

Desde luego, esto no significa que obtendremos Su aprobación si actuamos como queramos. Tenemos la responsabilidad de mantener nuestra intimidad con Jesús y de obedecer Su Palabra (Juan 14:15, 21a). Por lo tanto, debemos ser cuidadosos de no abusar de este regalo; Dios nos dice que cosecharemos lo que sembremos —que se nos devolverá lo que hemos dado—, ya sea bondad o maldad (Gálatas 6:7-9).

Las siguientes Escrituras explican por qué es importante creer en la fe y actuar en nuestra posición en Cristo. El propósito de la vida del Cristiano es servir a Dios sirviendo a otros. Nuestra fe debería inspirarnos a salir para guiar a otros hacia Jesús, y a juntar discípulos para Su Reino con el poder del Espíritu Santo (Mateo 28:18-20). Si afirmamos que nos identificamos con Jesús, pero no producimos ningún fruto —si no hay evidencia de nuestra fe—, ¡entonces nuestra fe es inútil! (Juan 15:1-8; Santiago 2:14-26; Hebreos 6:7-8).

<u>La fe siempre es dinámica</u>

La palabra griega *dunamis* es de donde vienen los términos "dinamita" y "dinámico". También es el mismo término raíz que se usa para "el poder del Espíritu Santo - Poder Dunamis" que se traduce como "poder milagroso". Dado que el Espíritu Santo habita dentro de los creyentes, podemos relacionar este poder con nuestra propia fe. Nuestra fe *dinámica* y *activa* en Dios no es pasiva, sino que siempre está moviéndose y cambiando; es eternamente poderosa y creciente (o decreciente, pero *nunca es neutral*).

Nuestra fe es lo que mueve a Dios a impartir Su Espíritu, Su gracia y Sus propósitos en nuestras vidas, así como en las vidas que tocamos por Cristo. ¡Esto no significa que tengamos el poder de hacer que Dios haga lo que nosotros queramos! Tampoco significa que Su gracia dependa de nuestras acciones; es decir, que si "somos buenos", Él esté obligado a bendecirnos. Tampoco significa que si creemos "lo suficiente" en Él, siempre obtendremos todas las cosas por las que oramos. De igual manera, no garantiza que si "nos portamos bien" o tomamos las decisiones correctas, seremos inmunes al dolor o a los problemas. Debemos entender que Dios es soberano, por lo que Él decidirá cuándo y cómo responder a nuestras oraciones.

Sin embargo, la Biblia nos dice que la fe *es* una "fuerza motriz" en el Reino de Dios (Hebreos 11:1-40). Otra vez, si creemos en la Palabra de Dios (fe creyente), nos inspiramos (fe activa) para **trabajar** en Su Reino (Tito 3:4-8). Nuestra fe debería imponernos el deseo de realizar la más importante tarea que existe: convertirnos en Discípulos Dinámicos de Jesucristo *para alcanzar a los perdidos* (Romanos 1:9).

¡No hay excusa para no compartir el Evangelio con quienes Dios ha puesto en nuestras vidas! *Debemos* impactar e influenciar a otros en nombre de Jesús. Quizá no seamos profesores o evangelistas, pero Dios nos da incontables oportunidades cada día para dirigir a la gente hacia Jesús. Cuando estemos parados frente a Él, lo más importante será cuánto lo amamos y cuántas almas le llevamos. Hay un capítulo en este libro titulado "Compartiendo nuestra fe" que te ayudará a aprender a hacer esto.

Por último, tenemos que ser cuidadosos de no elegir solamente las Escrituras "positivas" y "hacerlas nuestras". Aunque ciertamente debemos aferrarnos a las promesas de Dios, necesitamos aceptar **la doctrina completa** de las Escrituras en nuestros corazones, que frecuentemente habla del Fuego Purificador y de la crucifixión de nuestras propias voluntades, deseos y planes. ¡Existe un balance entre el increíble amor de Dios y Su ardiente enojo por el pecado! Debemos asumir el amor con justicia, el sufrimiento con gloria, y la Cruz con la Corona (Romanos 8:16-17; Filipenses 1:29; 1 Pedro 2:21).

Jesús, nuestra libertad

Además de nuestra justicia imputada, Dios también dice que:

> **2. Somos libres**... (Romanos 6:5-11). La Biblia dice que somos esclavos, ya sea de la justicia (Dios) o de nuestra carne (el pecado y la desobediencia) (Romanos 6:12-23). Lo cierto es que si rechazamos a Jesucristo, no tendremos más opción que vivir en rebelión hacia Dios, lo cual es pecado (Juan 8:24; 16:9; Romanos 5:12-19; 8:6-8). Pero cuando Jesús vive dentro de nosotros a través del poder del Espíritu Santo, somos salvados del PODER de la oscuridad y liberados para servir a Dios de manera honesta, alegre y eterna.

Los Cristianos hemos sido liberados mediante un proceso conocido como redención (Hebreos 9:11-12). "Redimir" significa "sacar de esclavitud al cautivo". El concepto de redimir a alguien o a algo se originó en el Viejo Testamento. Si alguien estaba en peligro o en necesidad, especialmente una viuda, algún familiar hombre tenía la responsabilidad de ayudarla o rescatarla. El título que se le da a este "salvador" es *redentor*. ¡Me encanta esa palabra! (Lee el libro de Rut, capítulos 3 y 4). Lo más increíble de esta historia es que Rut se convirtió en parte del linaje de Jesús. Jesús es ahora el Redentor de los Cristianos —el que nos libra del pecado, del temor a la muerte y del tormento eterno— porque Él pagó el precio para rescatarnos (Lucas 1:68; Colosenses 1:13-14).

Continuando con este concepto de que somos liberados, leemos en Isaías 61:1 que uno de los propósitos de Jesús al venir a la Tierra fue liberar a los esclavos... hacia la libertad espiritual. Toma en cuenta que este pasaje fue escrito aproximadamente 700 años antes de la venida de Jesús, y ahora sabemos que la persona de la que profetizaba Isaías era Jesús. Vemos esto cumpliéndose en Lucas 4:18-21, cuando Jesús lee las Escrituras acerca de **Sí Mismo**. ¡Dios y Su Palabra son extraordinarios!

De manera similar a lo que aprendimos sobre nuestra justicia en Cristo, puede ser que no *nos sintamos* o *actuemos* libres después de haber recibido la salvación. Aún somos propensos a aferrarnos y a tropezarnos con aquellas cosas que nos enredan (Hebreos 12:1-4).

Sin embargo, ahora tenemos el *poder* de resistirnos al pecado. Antes de aceptar al Espíritu Santo, no podíamos vivir para agradar a Dios ni para glorificarlo. Esto es porque literalmente nacemos en el pecado hasta que somos regenerados por Jesús y Su Espíritu.

Pero el corazón de Dios siempre ha estado abierto para quienes están profundamente enamorados de Él y comprometidos con Sus planes. Podemos ver esto con Sus amados israelíes casi 1,600 años antes de la venida de Cristo (Éxodo 8:1). Además, ¡Su corazón nunca ha cambiado! Jesús vino a la Tierra para pagar por nuestros pecados, de modo que pudiéramos estar en una relación plena con nuestro Santo Dios.

En este pasaje de Éxodo, me llama la atención que Dios haya liberado a Su gente *para que pudieran adorarlo.* ¡Este es exactamente el sentido de que seamos liberados de nuestros pecados hoy en día! "Su gente" son todos aquellos que verdaderamente lo adoran, lo cual hacen creyendo en Él, amándolo, siguiéndolo y permitiendo que Él cambie radicalmente sus vidas.

Otro asunto legal

Al igual que la justicia que Dios nos ha concedido como creyentes, nuestra libertad en Cristo también es un principio legal. Como Cristianos renacidos, *ya hemos sido* liberados en un sentido espiritual, pues cuando Jesús murió y resucitó, se sobrepuso a todas las fuerzas malévolas. Entonces, aunque Satanás sigue siendo el dios de este mundo (2 Corintios 4:4, Efesios 2:1-3), y sus súbditos ciertamente pueden influenciarnos, ya no tienen *control* sobre nosotros.

Ahora nosotros tenemos la habilidad de *elegir* una vida santificada (1 Juan 4:4-6). Esto significa que mientras vivamos EN CRISTO, nuestra victoria será más que absoluta porque nuestro Maestro es el Gran Victorioso (Romanos 8:37). Es la misma idea que un ejército que gana la guerra porque su líder ya ha navegado a través de una batalla victoriosa antes.

Otra vez, el tipo de libertad que nos da Dios es la habilidad de elegir hacer lo correcto, no la libertad de hacer lo que queramos (Gálatas 5:13; 1 Pedro 2:16). Todos tenemos la habilidad de pecar, ¡eso nunca es difícil!

Todos hemos experimentado las consecuencias de vivir "a nuestra manera". Pero elegir el bien sobre el mal —lo mejor sobre lo mediocre— es algo que requiere el imponente trabajo de Dios en nuestras vidas.

Dejando nuestro pasado atrás

Un aspecto extremadamente importante de volvernos libres en Cristo es nuestra necesidad de **renunciar** a nuestras viejas vidas y voltear la mirada **hacia** Jesús (Filipenses 3:12-14). Esta es la parte de la fe donde tantas personas se desvían. Piensan que "no hacer" ciertas cosas les traerá alegría, paz y justicia frente a Dios.

No puedo hacer suficiente énfasis en esto: ¡debemos comprender que **ser libres en Cristo no se trata de seguir reglas ni lineamientos**! Eso es RELIGIÓN ☹. Esta es una trampa común en la que podemos caer mientras sanamos. La "religiosidad" básicamente consiste en reemplazar nuestra esclavitud a nuestro pasado por esclavitud a nuestra religión. Si solo vivimos "siguiendo las reglas" sin amor y alegría, la gente no se sentirá atraída a Cristo ni a Su Espíritu por nosotros. Podremos ir a la iglesia, leer la Biblia y decir "cosas Cristianas", pero debemos tener cuidado de no volvernos "Cristianos solo por fuera".

Otro obstáculo hacia nuestra libertad en Cristo es cuando tenemos un pie firmemente plantado en el pasado mientras intentamos vivir una nueva vida en el presente. ¡Esto nunca funcionará! Debemos redirigir completamente nuestro enfoque y obediencia hacia nuestro Señor. Sin embargo, esto no puede lograrse más que con un cambio sobrenatural en nuestros corazones y mentes.

El secreto para una vida Cristiana radica en usar todo nuestro tiempo y energía para enamorarnos de Jesús. Nuestra responsabilidad es aprender lo que Él desea de nosotros en la Biblia, pasar tiempo orando y hablando con Él, pedirle sabiduría y orientación, y obedecer lo que hemos aprendido.

Por lo tanto, ¡no basta con simplemente "dejar ir" nuestro pasado, sino que hay que *hacerlo morir*! (Colosenses 3:5-10). Esto no significa que debamos hacer como que no nos han pasado cosas malas, ni que debamos fingir una sonrisa y olvidar el dolor que les hemos causado a los demás. Sin embargo, sí significa que estamos empezando a aceptar el modo de vida de Jesús en lugar de nuestras viejas costumbres.

Por ejemplo, Jesús nos dice que debemos perdonar a quienes nos han lastimado e intentar restaurar las relaciones cada que sea posible. De otro modo, nunca seremos libres de nuestro pasado. Aquí es donde vemos que el viejo dicho de "perdona y olvida" no es completamente cierto. Nunca olvidaremos nuestras viejas vidas, pero ciertamente *sí podemos* perdonar mediante el poder de Dios. Yo he tenido que perdonar a mucha gente que me provocó un gran daño, pero como resultado, soy libre.

Esta acumulación de adversidades del pasado y de viejos patrones de pensamiento y conducta es lo que tenemos que permitir que Dios elimine de nuestras vidas. De hecho, Él nos dice claramente que si no renunciamos a nuestro pasado, no seremos aptos para Su Reino (Lucas 9:62).

Podemos comparar esta Escritura con nuestras vidas. El "arado" es como la vida y la labor que Dios tiene planeados para nuestro futuro, y "mirar atrás" es nuestro pasado. Aunque quizá tengamos que *considerar* nuestro pasado para sanar y dar testimonio de cómo hemos sido salvados, no debemos <u>vivir</u> en él. Dios no puede usarnos si nos rehusamos a perdonarnos a nosotros mismos y a quienes nos han lastimado.

De hecho, ¡si *seguimos* mirando hacia atrás en lugar de hacia delante, comenzamos a parecernos al prisionero que ha sido puesto en libertad, pero que se rehúsa a salir de la cárcel! O tal vez hayas escuchado de la gente que abandona la prisión, pero que pronto hace algo a propósito para volver a ser encarcelada. Esto se conoce como "institucionalización".

Esto ocurre porque se sienten inseguros e incómodos sin las estrictas reglas y lineamientos del encarcelamiento. De igual manera, nosotros nos convertimos en prisioneros de nuestro pasado cuando nos rehusamos a dejarlo ir, sintiéndonos "más seguros" en un ambiente conocido pero frecuentemente tóxico. Dejar atrás el pasado es aterrador, pero es esencial para caminar audazmente hacia delante si queremos una nueva vida.

<u>¿Cómo puedo dejar mi pasado en el pasado?</u>

Una manera saludable de lidiar con nuestro pasado es permitiendo que Dios nos recuerde las cosas de las que debemos sanar y arrepentirnos. Pero esto toma tiempo, pues no podemos lidiar con la intensidad de todos nuestros fracasos y nuestro dolor al mismo tiempo. Conforme Él traiga las situaciones y las personas del pasado a nuestra atención, tendremos que enfrentar los pensamientos y los sentimientos de frente, y lamentarnos por ellos si es necesario.

Podemos empezar este proceso de alcanzar nuestra libertad en Cristo aprendiendo cómo lamentarnos por la gente, las oportunidades y las cosas que hemos perdido. Otra vez, debemos tomarnos el tiempo de lamentar las maneras en las que hemos lastimado y hemos sido lastimados. Luego, debemos *permitir* que Dios nos cure con el tiempo.

Una advertencia: ¡el que podamos sanar de nuestro pasado no significa que tengamos que lamentar cada cosa que haya sucedido en nuestras vidas! Pídele a Dios que te señale aquellas viejas experiencias y situaciones que *verdaderamente* necesitan sanar. Y para aquellos de ustedes que han tenido una vida maravillosa, con pocas experiencias de adversidad, dolor o relaciones rotas, ¡sean agradecidos! No obstante, lo cierto es que la mayoría tenemos algo en nuestro pasado con lo que debemos lidiar.

Yo, por ejemplo, experimenté una enorme sanación al lidiar con el dolor de mi horrible infancia, con todas las oportunidades que dejé pasar, con las heridas que provoqué en otras personas y con mi propia conducta autodestructiva. A veces, el dolor de este duelo era insoportable, y esa es una de las razones principales por las que lo ignoré por tantos años.

Este fue un proceso entre Dios y yo para resolver mi pasado, y pasar por todo esto sin consumir drogas, buscar pretextos ni culpar a los demás me ayudó a entrar en mi nueva vida. Es esencial comprender que ignorar lo que el pecado ha causado en nuestras vidas y fingir que somos "felices y renovados" solo nos traerá más problemas.

¡Déjalo ir!

¡El siguiente paso para vivir en libertad es dejar de recordar aquel pecado u ofensa por el que padeciste! Este es el paso en el que usualmente termina nuestra peregrinación hacia una nueva vida. Realmente podemos quedarnos "atorados" aquí si decidimos revolcarnos en nuestra lástima personal y en nuestros patrones tóxicos de pensamientos, sentimientos y relaciones (Efesios 2:1-10; Gálatas 5:1).

Aferrarnos a nuestro pasado, no perdonar a quienes nos han lastimado y permitir que nos consuman las viejas heridas y fracasos es **desobediencia**, porque Jesús murió para darnos NUEVA vida, y debemos aprender a caminar en este regalo (Romanos 6:12-13; 2 Corintios 5:15-17; Filipenses 3:12-14).

Además, la alegría, la paz y el amor se ahogan cuando vivimos en miedo, enojo, resentimiento o egoísmo. Al igual que con cualquier nueva experiencia, toma tiempo desarrollar nuestras nuevas habilidades. Podemos sentirnos aterrados de ser libres. Pero es así como comenzamos a construir los nuevos cimientos para nuestro futuro en Cristo.

¡Reconstruir nuestras vidas requiere de gran valentía y esfuerzo! Sin embargo, el paso hacia la plenitud es *permitir* que el Señor nos sane. La Biblia —la Palabra del propio Dios— tiene el poder de purificarnos, sanarnos, reconfortarnos, condenarnos y dirigirnos. En Filipenses 4:6-9 leemos la directriz para fijar nuestra mente en cosas positivas. Esto realmente significa habitar en Jesús, quien personifica todas las características enlistadas en el versículo 8.

Por cierto, esto no significa "tener una mentalidad positiva". Significa "renovar nuestras mentes" por el poder sobrenatural de la Palabra de Dios (Romanos 12:2; Hebreos 4:12). ¡Parte de avanzar consiste en esforzarnos por mantener nuestros ojos en la recompensa, que es nuestro futuro en la gloria! (Colosenses 3:1-4; 2 Timoteo 4:6-8). Al saber que algún día estaremos con nuestro Señor en perfecta paz y amor eterno, nos sentiremos esperanzados por el futuro y motivados para enfrentar nuestras dificultades terrenales (1 Corintios 15:43; 2 Corintios 4:17).

Por último, incluso después de haber obtenido nuestra libertad, habrá momentos en los que podremos esclavizarnos temporalmente a nuestros viejos hábitos y pensamientos de nuevo (2 Pedro 2:19-22). Lo importante es que nos "levantemos"; es decir, que nos arrepintamos y que continuemos procurando a Cristo. Mantenernos cerca del Señor pronto se convertirá en nuestro estilo de vida, y cosecharemos la recompensa. Y cuando estemos cara a cara con Jesús, habremos "peleado la buena batalla" (1 Timoteo 6:12). ¡Anhelo desesperadamente escuchar al Señor diciéndome: "Bien hecho, mi buen siervo fiel"! (Mateo 25:21).

CAPÍTULO 5

LA CONSTRUCCIÓN DE LOS CIMIENTOS
PARTE 2

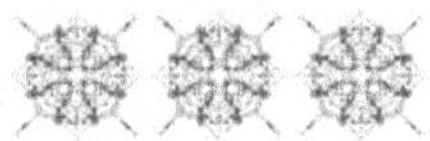

En el Capítulo 4, aprendimos sobre varios procesos espirituales que Dios lleva a cabo por nosotros mediante Su Espíritu una vez que aceptamos a Jesús en nuestras vidas. Ahora entendemos que Dios nos ha hecho justos ante Su mirada. Como creyentes renacidos, esto nos da el privilegio de poder entrar audazmente en Su presencia a través de la oración, y de tener una relación con Él (Hebreos 4:16).

También aprendimos que Dios nos ha liberado del control del pecado. Ciertamente no estaremos "libres de pecado", pero dado que Jesús vive dentro de nosotros mediante Su Espíritu Santo, ahora tenemos el poder y la habilidad de Dios de *elegir* Su plan para nuestras vidas. Este maravilloso plan incluye la capacidad de rechazar el pecado y cumplir con el diseño que Él tiene para cada uno de nosotros, mediante el cual le servimos y expandimos Su Reino (Jeremías 29:11; Tito 2:11-14). ¡Realmente podemos experimentar libertad *verdadera*!

En este capítulo, continuaremos explorando lo que Cristo ha hecho por nosotros, y aprenderemos sobre varios otros dones que Él nos imparte para que podamos construir cimientos resistentes y sólidos para nuestra fe. También entenderemos nuestra nueva posición en Jesús.

3. Otra cosa que Dios ha hecho:

Nos ha sentado con Cristo en los lugares celestiales (Efesios 1:3; 19-20).

¿Qué significa eso?

Esta es una imagen preciosa de nuestra posición en Cristo. Con Su muerte, entierro y resurrección, Jesús no solo nos rescató de la muerte espiritual y del castigo eterno, sino que también conquistó los poderes del infierno y del diablo (Apocalipsis 1:12-18). ¡Jesús ganó el premio!

Aunque hoy en día aún vemos mucha maldad en el mundo, Satanás será derrocado y silenciado por siempre cuando Jesús regrese a Su Segunda Venida (Apocalipsis 20:10). Nuestra bendita esperanza por fin se consumará: estaremos con nuestro Señor por siempre.

La Biblia nos dice que 40 días después de que Jesús se levantó de entre los muertos, ascendió de regreso hacia el cielo. Ahí, Dios lo sentó a Su derecha (Lucas 22:69; Hebreos 12:1-2). Esto significa que cuando nuestras vidas se unan con la de Él, *Él literalmente nos sentará a Su lado en estos lugares celestiales* (Efesios 2:4-6). Esto describe nuestra nueva identidad en Cristo.

Desde luego que no podremos conocerlo completamente hasta que estemos con Él en la eternidad, pero como Sus seguidores, ¡nuestros *espíritus* están vivos *con* Él y *en* Él ahora mismo! (Efesios 2:1-7).

Aunque esta nueva naturaleza comienza en el momento de la salvación, también continuaremos creciendo y madurando en nuestra sabiduría y relación con Cristo a lo largo de nuestras vidas (2 Corintios 5:17; Filipenses 1:9-11). A esto nos referimos con estar "en Cristo".

El concepto de "estar sentados" con Cristo significa que entramos en una *relación personal con el mismísimo Dios Todopoderoso*. ¡Este es un privilegio alucinante! Usualmente damos esta relación por sentado porque ahora vivimos en una era de "gracia". Podemos llegar a pensar en Jesús más como un amigo que como nuestro Maestro y Rey.

Aunque Él es nuestro amigo y nuestro Dios Todopoderoso, debemos ser cuidadosos de respetar y amar Su carácter completo, no solo la parte cálida y tierna. ¡Él aún tiene el poder de derribar naciones completas simplemente con el poder de Su Palabra! (Apocalipsis 19:15). Él es perfecto, completamente santo e inimaginablemente poderoso, y por lo tanto, merece nuestra absoluta adoración y devoción.

¡Qué privilegio!

Para darnos una idea de lo especial que es el honor de tener esta intimidad con Jesús, es útil comprender cómo eran las cosas en el Viejo Testamento. En los tiempos bíblicos, era un privilegio que alguien nos dejara entrar en su casa (para "sentarnos" con ellos). Simbolizaba amistad, aceptación completa y confianza. Comer con alguien (conocido como "romper el pan") era algo muy personal, pues te sentabas cara a cara con la persona. A propósito, el sacramento de la comunión alude a esta idea de que la familia de Dios se reúne para compartir una "comida" y alabar juntos a Dios.

Es fácil que en la cultura de hoy en día pasemos por alto la relevancia de este tipo de relación, pues frecuentemente comemos comida rápida en camino a nuestro destino, o salimos corriendo por la puerta con un bocadillo en la mano. Rara vez nos sentamos juntos a la mesa para hablar y compartir. Desafortunadamente, este hábito nos despoja del tiempo íntimo y personal.

Para explicar más esta idea, debemos entender el honor y el respeto que el pueblo judío le tenía a Dios. Esta reverencia era tan profunda que incluso desarrollaron un código de conducta que les impedía decir el nombre de "Dios" en voz alta, pues sentían que era una falta de respeto.

Entonces, ¡ser *amigo* de DIOS era una idea contracultural en la época de Jesús, y era algo absolutamente impensable! (Juan 15:14-15). ¡Sentarse a compartir una comida con Dios habría sido una idea absurda! Pero Jesús, como el Gran Mediador, ha creado una manera en la que *podemos* entrar en la presencia de Dios (Apocalipsis 3:20). Ahora podemos ser **intensamente** íntimos con Dios el Padre, Dios el Hijo y Dios el Espíritu Santo, pues somos parte de Su familia.

Además, la Biblia nos dice que el que "estemos sentados en los lugares celestiales" significa que cuando estamos *en* Cristo, somos coherederos de todo lo que Él tiene (Gálatas 4:6-7; Efesios 1:11; Romanos 8:15-17). Un heredero es alguien que recibe la herencia del Padre. ¡Ciertamente compartiremos un gran legado cuando lleguemos al cielo!

Dios también dice que podremos *reinar* con Él (2 Timoteo 2:12; Apocalipsis 20:6; 22:3-5). La palabra *reinar* significa "gobernar", "controlar", "dirigir" y "administrar". Esto significa que, de hecho, ayudaremos a Jesús a manejar las cosas. ☺

¡Espera! ¡Aún hay más!
4. En Cristo, somos **Justificados**

Hay quienes explican la palabra "justificado" así: "Tal como si nunca lo hubiéramos hecho". Esta es una descripción bastante buena. Y, ¿adivina qué? Es otro término legal. Significa "enderezar", "hacer correcto", "alinear" o "validar". Por ejemplo, las Escrituras dicen que "Él (El Señor) enderezará tus sendas" (Proverbios 3:5-6 LBLA; paréntesis míos). Entonces, otra manera de decir eso sería que Él *justificará* tus caminos (tus decisiones de vida y tu orientación).

Gracias a nuestra naturaleza pecadora, tenemos un deseo innato de *justificarnos*. Sin embargo, desde mi punto de vista, autojustificación = **excusas**. Haremos cualquier cosa para que los demás crean que no estamos equivocados, o que no somos tan malos como la situación podría hacernos lucir. ¡Constantemente intentamos racionalizar nuestras acciones como si nunca las hubiéramos hecho, o como si no hubiera sido algo tan malo!

¡INOCENTE!

El principio relacionado con la justificación surgió del Viejo Testamento. La Ley Moral —los Diez Mandamientos— era esencialmente la que "hacía culpable a la gente" (Romanos 7:7). La Ley establecía las reglas, y si no cumplías con cada una de ellas, eras un pecador... ¡CULPABLE! (Santiago 2:10-11).

Es por eso que las Escrituras dicen: "Pues todos hemos pecado; nadie puede alcanzar la meta gloriosa establecida por Dios" (Romanos 3:23). Ahora todos sabemos en nuestros corazones que cuando hacemos algo mal, se requiere un "pago". De hecho, esto comenzó cuando Adán y Eva se rebelaron contra la autoridad de Dios. Dios dio el primer paso para cubrir sus pecados: usó pieles de animales para que escondieran su desnudez y su vergüenza. Esto implica que algún animal tuvo que haber sido asesinado; fue la primera vez que en la Biblia se equiparaba el pecado con la muerte (Génesis 3:21).

Más tarde en la historia, Dios ideó un sistema de sacrificios para Su gente. Un cordero, cabra o toro perfecto e inmaculado debía ser sacrificado por los pecados de la nación (Levítico 23:12). Como se mencionó en el último capítulo, el propósito de esto era que los israelíes pudieran ver físicamente lo horrible que era el pecado. Una *vida* tenía que ser tomada por sus pecados (Levítico 17:11).

El problema con nuestro pecado es que somos absolutamente incapaces de pagar por él. Ninguna cantidad de esfuerzo es suficiente para compensar nuestros errores. Necesitábamos a alguien que nos rescatara.

Esta es precisamente la razón por la que Jesús se convirtió en el Verdadero Sacrificio eternamente, para toda la humanidad.

Dado que Él era perfecto y libre de pecado, era el sacrificio ideal que Dios necesitaba. De hecho, por eso se le conoce como "El Cordero de Dios" (Juan 1:29). Él fue el sacrificio elegido para pagar por nuestros pecados. Cristo "cumplió" la ley *por nosotros* porque solo Él vivió sin pecado (Hebreos 9:24-26; 10:1-18).

Vale la pena repetirlo: cuando estamos *en Cristo*, ya no somos "culpables" ante los ojos de Dios, pues cuando Jesús murió en la Cruz, ÉL nos justificó. Pagó nuestra deuda de pecado; el castigo que *nosotros* merecíamos.

Él "tomó nuestro lugar". Pero, otra vez, solo quienes depositen su confianza en Él son justificados.

Ahora estamos justificados con Dios; es decir, estamos alineados con Él y tenemos Su validación. ¡Esta verdad puede ser difícil de aceptar porque sabemos lo que hemos hecho! Pero debemos creerlo porque *Dios dice que es cierto*. Cuando Dios mira a un creyente genuino y renacido, ve a Jesús; el Sacrificio Justo.

La Pascua

También podemos ver este sistema de sacrificio en la historia de la "Pascua" de la que tanto hemos escuchado en la Biblia. En los inicios de su nación, los israelíes (también conocidos como hebreos) eran esclavos en Egipto. Dios quería que Su gente fuera libre, así que eligió a Moisés para que confrontara al faraón —el líder egipcio— y le exigiera la liberación de los israelíes. Pero el faraón ignoró los reclamos de Moisés. Dios le dijo a Su pueblo que juzgaría al faraón y a su gente por mantener cautivos a los israelíes.

Después de 9 devastadores plagas, el faraón *siguió rehusándose* a liberar al pueblo hebreo. El último (y peor) juicio consistía en que Dios mataría a cada recién nacido y a cada animal de esas tierras.

Para salvar a Su gente, Dios les ordenó a los israelíes que untaran la sangre de un cordero en los marcos de las puertas de sus hogares en la noche del juicio. La sangre pintada significaba que Dios "se saltaría" esa casa y no traería muerte a la morada (Éxodo 12:1-13, 23). Muchos judíos aún celebran este día de Pascua para conmemorar su liberación de la esclavitud en Egipto.

Lo más fascinante es que desde la muerte, el entierro y la resurrección de Cristo, nosotros como Sus seguidores estamos cubiertos por Su sangre

(Romanos 5:9; Efesios 1:7; 2:13; Hebreos 9:22). La "marca de sangre" del Viejo Testamento era una profecía de lo que nuestro Salvador haría por nosotros más de mil años más tarde.

Por lo tanto, hemos escapado del juicio, pero solo SI somos realmente salvos. Para recibir la salvación, primero tenemos que admitir que somos pecadores, comprendiendo que un Dios Santo no puede tolerar nuestro pecado, y después tomar la determinación de permitir que Él nos dirija en una nueva vida.

También debemos tener fe en que Dios nos amó tanto que envió a Su Hijo, Jesús, a rescatarnos con Su sangre redentora (Romanos 8:9; 1 Pedro 1:2; 1 Juan 1:7; Apocalipsis 1:5). Por último, debemos creer que Él fue enterrado y que resucitó de entre los muertos. Jesús ahora está con el Padre, y nos llevará con Él eternamente en su debido momento (Romanos 10:9; Efesios 1:20)

Ahora, es importante comprender que aunque Jesús murió por toda la humanidad, solo quienes decidan estar en una relación con Él obtendrán estos beneficios. Él está *disponible* para todos. Pero desafortunadamente, no todos serán salvos, pues esta es una relación en la que debemos entrar intencionadamente y con todo nuestro ser (Marcos 12:30; Juan 3:16-18).

Finalmente, a pesar de que es la sangre de Jesús la que nos purifica, nos perdona y nos sana espiritualmente, y pese a que Él realizó esta gran hazaña *por nosotros*, aún tenemos la responsabilidad de clavar nuestras pasiones de naturaleza pecaminosa a la Cruz y crucificarlas diariamente (Gálatas 5:24-25).

Todas las relaciones saludables requieren que ambos lados trabajen juntos hacia una meta en común, y lo mismo aplica para nuestra relación con el Señor. Somos socios de Sus propósitos y planes. Y el increíble resultado de Su don de justicia y justificación es que obtenemos la capacidad de sobreponernos a los deseos de nuestra carne (el pecado) (Colosenses 2:11-15).

<u>Auténtica salvación</u>

Otra razón por la que somos incapaces de justificarnos frente a un Dios Santo es que solo *Él* puede volvernos justos ante *Sus ojos*, pues Él es el verdadero juez (Romanos 3:24-25). Es vital comprender que la justificación es obra de

Dios solamente. ¡Nosotros somos completamente incapaces de volvernos justos ante Él!

Sin embargo, el que seamos perdonados y justificados no significa que Dios realmente "no pueda ver" nuestro pecado, ni que nuestro pecado no importe. Completamente lo opuesto; nuestro pecado puede arruinar por completo nuestra relación con Dios. Algunas personas creen en la idea de que "una vez salvo, por siempre salvo". En otras palabras: "Ahora que soy salvo, tengo un pase libre y puedo vivir como yo quiera, y nada de lo que haga me quitará la salvación"...

Pero si "aceptamos" casualmente a Jesús en algún momento y luego decidimos vivir en oposición continua a Su Palabra, Sus caminos y Sus principios —esencialmente rechazándolo por completo—, entonces tenemos que considerar seriamente si realmente fuimos salvos en primer lugar (Hebreos 10:26-39; 1 Juan 2:1-6; 15-17; 20-29).

Alguien que ha sido salvado genuinamente y que tiene una relación con Cristo no puede exhibir un estilo de vida distinto. Podrás preguntarte por qué digo "genuinamente". Esto es porque muchas personas creen erróneamente que se irán al cielo por distintas razones (soy una buena persona, Dios me ama y nunca me juzgaría, no creo en el infierno...).

Pero la Biblia dice claramente que solo hay UNA manera de llegar al cielo, y es a través de Jesucristo (Juan 14:6). Aunque esto podrá sonar de mente cerrada, es la verdad.

Piénsalo así: digamos que estás manejando hacia una ciudad nueva y le pides direcciones a alguien, y te dicen: "Sigue un kilómetro por este camino y gira a la derecha. Es una calle de un solo sentido, así que no vayas a pasártela". Si decides dar vuelta a la izquierda en esa intersección, te perderás. ¿Acaso eso es de mente cerrada? ¡No! ¡Es un hecho, y depende de *ti* seguir las instrucciones!

Asimismo, nuestras vidas deberían lucir distintas después de recibir la salvación. No nos volvemos absolutamente "perfectos", pero parecernos más a nuestro Salvador es una de las cosas que demuestran que hemos recibido una nueva vida. Jesús nos permite vivir en vitalidad. Él cambia nuestra moral y nuestra actitud. Posteriormente, Él nos da el poder y la compasión para ofrecer Su salvación y discipulado a quienes no lo conocen.

Se dice que "la vida Cristiana es simple, pero no fácil". ¡Qué cierto es esto! Jesús explicó que los Diez Mandamientos ahora se resumen en solo dos preceptos, conocidos como la "Ley Suprema" (Marcos 12:30-31; Romanos 13:8-10; Santiago 2:8). Si realmente amamos profundamente a Dios y a los demás, y cumplimos con Su Palabra y Sus principios, naturalmente obedecemos la "Ley". Amar a Dios y amar a nuestro prójimo es un estilo de vida de sacrificios. No *desearemos* matar, codiciar o robar. No desearemos lastimar a Dios, a nosotros mismos ni a nadie más. Pero esto, por supuesto, solo se logra viviendo bajo el poder del Espíritu Santo.

5. En Cristo, somos **santificados**.

La palabra "santificar" significa "apartar", "designar", "purificar" o "dedicar". La Biblia dice que somos *santificados* como creyentes. Podría ser más fácil comprender la santificación si pensamos en la palabra "santo" porque generalmente son equivalentes en nuestra fe. Esto significa que en el momento de nuestra salvación, **Dios** *nos vuelve santos*. Y cuando entramos en esta relación con Él, somos apartados del mundo para realizar Sus planes.

Al escuchar que somos "santos", podríamos sentirnos confundidos y decir: "¡Yo no soy santo! ¡Solo Dios es santo!". Sin embargo, la Biblia deja claro que nosotros, como seguidores de Cristo, somos un grupo de gente completamente aparte. ¡Jesús *nos ha vuelto* santos mediante Su sacrificio, no es por voluntad nuestra! (Juan 17:9-19; 1 Corintios 1:2, 30-31; 6:11; Colosenses 1:21-23; 1 Tesalonicenses 5:23-24; 1 Pedro 1:2-4). Debemos representar a Cristo con base en esta verdad.

Si profundizamos más, veremos que la *santificación* tiene dos aspectos. Uno es que nuestros espíritus *inmediatamente* son santificados cuando recibimos a Jesús en nuestros corazones. Antes de la salvación, nuestros espíritus estaban muertos, pero ahora "se les ha dado vida nueva" en Cristo (Colosenses 2:13; Tito 3:4-5).

Es por esto que la Biblia se refiere a nuestra salvación como un "renacimiento". Por este motivo, entramos en comunión con el Dios viviente tan pronto aceptamos a Cristo. Él nos da Su mente y Su Espíritu en ese momento exacto. Literalmente nos vuelve lo suficientemente santos para albergar a Su Espíritu Santo.

¡El otro aspecto de la santificación es que nuestra "carne" aún debe ser trabajada!

Hebreos 10:14 habla de las dos partes de esta santificación. Dice: "Pues mediante esa única ofrenda, Él (Cristo) perfeccionó para siempre a los que está haciendo santos". La parte de *perfeccionó para siempre* significa que, frente a Sus ojos, NOS VOLVEMOS santos y perfectos en el momento de la conversión.

La última parte de este versículo que dice "*a los que está haciendo santos*" se refiere a la purificación y al cambio *constante* de nuestra antigua naturaleza pecadora, día tras día. Esto ocurre mediante la oración y la purificación que recibimos al leer, estudiar y obedecer la verdad de la Biblia. También somos santificados cuando servimos a Dios y nos disciplinamos en Sus principios (2 Pedro 1:10).

Hasta ahora, hemos aprendido mucho sobre nuestra posición en Jesús. En la siguiente sección, aprenderemos más sobre el importante papel que jugamos en esta tremenda relación con nuestro Señor.

6. Nuestra **responsabilidad como Cristianos**

Ya hemos mencionado que nuestra relación con Dios consta de dos aspectos. Vemos que muchas de las promesas de la Biblia dependen de nuestra respuesta al Señor y a Su Palabra. Dios nos da increíbles dones y regalos, pero debemos esforzarnos por vivir cerca de Él y obedecerlo. Solo así viviremos **exitosamente** en las verdades posicionales que hemos estado repasando.

Aunque nuestra salvación es gratis —no tiene ninguna condición oculta— le costó a Jesucristo Su propia vida. Y el resto de nuestra relación —incluyendo nuestro nivel de intimidad con Él, el nivel de nuestro compromiso con Él, la eficacia del fruto de Su Espíritu en nosotros y nuestra capacidad de alcanzar a los perdidos— está directamente relacionada con cuánto cumplamos con *nuestra* parte del "pacto".

Ser Cristiano va más allá del nombre. Es un **estilo** de vida, y no basta con "decir" que creemos (Santiago 2:19-20). *Creer* está profundamente entrelazado con la manera en que pensamos, hablamos y nos comportamos. Recuerda: Santiago dice que "la fe sin buenas acciones es inútil". ¡La verdad es que una vida que está inmersa en Jesús siempre será dinámica y se desbordará hacia los demás!

¿Cómo podremos saber si estamos creciendo?

Si somos nuevos en la fe Cristiana, una manera de darnos cuenta de que estamos pareciéndonos más a Jesús es que comenzaremos a perder interés en algunas de las cosas que solíamos hacer. Los amigos y conocidos con los que nos juntábamos y que vivían alejados de Jesús comenzarán a parecernos ajenos. Nuestra nueva conciencia nos permitirá discernir un estilo de vida recto de uno deshonesto y mediocre. Conforme nos adentremos en esta relación, empezaremos a anhelar las cosas de Dios y a apartarnos de las que solíamos creer que eran correctas.

Sin embargo, ¡debes mantenerte atento! ¡Probablemente comiences a sentir resistencia de la gente en tu vida; ya sea en el trabajo, la escuela o el hogar! Los demás no entenderán por qué estás cambiando. Incluso podrían enojarse porque estás alterando la relación cómoda o familiar que tenían contigo.

En ese punto, deberás decidir, con ayuda de la oración, si vale la pena conservar aquella amistad. A menudo descubrimos que quienes "creíamos" que eran nuestros amigos realmente no lo son. Un verdadero amigo siempre deseará lo mejor para ti. Por el otro lado, habrá momentos en los que Dios pueda darte la oportunidad de compartir cariñosamente tu fe con ellos.

Mientras continuemos en nuestra relación con Cristo, veremos otros indicios de que estamos creciendo. Justo como madura un árbol, podremos juzgar la salud de nuestra espiritualidad con base en el "fruto" de nuestras vidas. Nuestros pensamientos, conductas e intereses comenzarán a cambiar conforme nos asemejemos más a Jesús (Lucas 6:43-44).

Autoexaminarnos regularmente para ver si estamos manifestando los atributos del Espíritu, como se explica en Gálatas 5:22-24, es una práctica necesaria. Debemos prestar atención a lo que creemos y a cómo esto afecta nuestro caminar con Cristo. Es fácil distraernos y permitir que nuestras oraciones y nuestra atención se enfoquen solo en nosotros mismos. Dejar atrás el egoísmo para orar por otras personas, fortaleciéndolas y dándoles sustento, será un signo de crecimiento, ¡lo que nos traerá gran alegría y glorificará enormemente a Dios!

<u>Nuestro compromiso</u>

A. Se nos ordena vivir en justicia, santidad y pureza (2 Timoteo 2:21-22). ¡Todos sabemos que no podemos hacer esto sin ayuda! Debemos pedirle a Dios que nos proporcione la "ayuda" que necesitamos mediante el Espíritu Santo que habita en nosotros. Es cuando nos resistimos al poder y a la orientación del Espíritu en nuestro caminar Cristiano que terminamos fracasando, y probablemente no logremos acercar a otros a nuestro hermoso Salvador (Gálatas 5:16-21).

Lo cierto es que, cuando usamos nuestra propia fuerza e inteligencia para **alejar nuestros planes** de los de Dios, cosechamos fruto "carnoso". Este estilo de vida tiene una progresión natural: comienza con nuestros pensamientos y deseos, y transcurre con nuestros planes humanos.

Al final, nos damos cuenta de que el resultado de este comportamiento es nocivo y carente de amor (Gálatas 6:8). Cuando queremos lo que queremos, y no lo que Dios realmente quiere, nos convertimos en "Cristianos" que realmente no actúan como el Señor. A esto nos referimos con el término *"Cristianos de la carne"* (Santiago 4:8; 1 Pedro 4:2-3).

Ahora, desde luego que esto no significa que debamos vivir en un mundo "ultraespiritual" y no hacer nada. Tampoco significa que Dios nos proveerá si "oramos lo suficiente", incluso si no ponemos de nuestra parte. Completamente lo opuesto; debemos usar nuestra mente, nuestra fuerza, nuestro tiempo y nuestras finanzas para vivir una vida productiva en la Tierra. Me refiero a que no debemos planear nuestras vidas *sin* tomar en cuenta al Señor.

Podrías decir que hay muchas personas —incluso no creyentes (gente que no ama ni cree en Jesús)— que hacen cosas "buenas" por el mundo. Esta gente podría usar su creatividad y su ingenio para lograr cosas que no se consideren "malignas". Bueno, eso podrá ser cierto, pero cuando hacemos cosas fuera del diseño y del poder de Dios, no producimos ningún fruto **eterno**.

Piensa en los resultados de la mayoría de los esfuerzos de la humanidad. Cuando hacemos "buenas obras" sin la orientación de Dios, somos propensos a enorgullecernos de nuestros logros. A menudo nos volvemos avaros cuando esto implica dinero. No queremos compartir los reflectores a la hora de ser reconocidos por nuestras habilidades. Nos obsesionamos con alcanzar más cosas; más grandes y mejores. Incluso si no te identificas con esto, la realidad es que cuando alimentamos nuestra carne, nuestros deseos suelen terminar controlándonos (Romanos 6:16; 2 Pedro 2:19).

B. Debemos <u>huir</u> del pecado (Romanos 6:12-23). ¡Esto significa CORRER de él como lo haríamos con un bosque en llamas! Es muy frecuente que optemos por *vivir* con el pecado en lugar de huir de él. Tomamos malas decisiones, como si el pecado fuera un juego, y cuando llegan las consecuencias, culpamos al mundo, a nuestras circunstancias, a otras personas y al diablo por ello.

Si bien el mundo, las circunstancias, otras personas y el diablo SÍ influencian nuestra conducta, la Biblia dice que nuestra CARNE es la que nos hace pecar, y ¡es completamente *nuestra* responsabilidad evitarlo! (Romanos 8:12-13; Santiago 1:14-15).

Entretanto, incluso si pecamos *ocasionalmente* —no como un estilo de vida— tenemos el gran consuelo de que Jesús nos restaurará **siempre y cuando** nos arrepintamos (es decir, si *realmente* le damos la espalda al pecado y fijamos nuestra mirada en Jesús, no si hacemos promesas vacías y seguimos pecando) (2 Corintios 7:10; 1 Juan 1:9).

Como todos podremos atestiguar, el pecado realmente nos genera sentimientos de insuficiencia, frustración, culpa, miedo y resentimiento en nuestras vidas. Asimismo, borra toda esperanza de que podamos volvernos como Cristo. Solo nos mantiene en esclavitud.

Una vida de pecado prolongado resulta en una falta de ALEGRÍA y PAZ. El resultado final, si insistimos en seguir rechazando intencionadamente a Cristo, a Su Palabra, a Su gente y a Sus caminos, puede ser muerte espiritual (Romanos 8:5-8; Gálatas 6:7-10; Hebreos 6:4-6).

C. Debemos determinar qué es lo que le agrada al Señor (Romanos 14:17-19; Efesios 5:10; 1 Tesalonicenses 5:18).

Colosenses 1:9-19 nos muestra varias maneras de agradar al Señor:
- Orando
- Conociendo Su voluntad y Su entendimiento
- Recibiendo Su sabiduría espiritual
- Haciendo tiempo para obtener comprensión bíblica y divina
- Produciendo buen fruto (divino y eterno)
- Aprendiendo a crecer en nuestra fe
- Esforzándonos por conocer a Dios de manera más íntima

Es esencial que nos *alimentemos* de Jesús **diariamente**. Eso significa tomar el control de nuestro tiempo y nuestros deseos. Debemos pasar tiempo estudiando la Biblia, orando con ella y meditándola para alcanzar una relación más íntima con Dios.

Del mismo modo, involucrarnos en una iglesia que crea en la Biblia y la obedezca, así como pasar tiempo con Cristianos que vivan por Jesús y exhiban Su carácter en sus vidas, nos ayudará a cumplir *exitosamente* este mandato de nuestro Señor (Proverbios 3:5-6; Romanos 12:1-2).

Debemos **renunciar** a la perversidad y
deshacernos de nuestra vieja naturaleza.
Debemos **permitir** que el Espíritu Santo renueve nuestros
pensamientos y actitudes.
Debemos **ponernos** la nueva naturaleza (Efesios 4:17-24).

Aunque Dios hace la mayoría del "trabajo" en nuestras vidas al ofrecernos la salvación y llevarnos a la plenitud de la madurez en nuestra fe, nos exige hacer nuestro mejor esfuerzo para permanecer cerca de Él y obedecer lo que nos pide.

¡No se trata de reglas ni de normas! ¡Se trata de la *relación*! Recuerda, mientras más cerca estemos de Jesús, menos probable será que queramos lastimarlo, menospreciarlo o rebelarnos contra Él. ¡Esto es lo que nos dará la fuerza y el poder para obedecerlo!

Para recompensarnos, Él comenzará a cambiar nuestras mentes y corazones mientras vivamos en Él, de modo que nuestros deseos se alineen con los Suyos. ¡Es una progresión de fe destacable y sobrenatural, y TIENE EL PODER de cambiar tu vida!

Mientras nos esforcemos por ser santos, el Señor nos ayudará y nos fortalecerá, y continuaremos creciendo y transformándonos a Su gloriosa imagen (2 Corintios 3:15-18). La lista a continuación contiene algunos rasgos de personalidad que deberíamos comenzar a exhibir cada vez más mientras el brillo de Jesús emane de nuestras vidas (Filipenses 1:9-11).

- Amar
- Tener un corazón amable
- Crecer en la fe
- Orar sin cesar
- Perdonar fácil y rápidamente
- Esforzarnos por permanecer en el Espíritu
- Ser pacientes con los demás
- Leer la Palabra regularmente, con ayuda de la oración y la reflexión

- ¡Pensar en el cielo!
- Hacer las paces cada que sea posible
- No afligir a Dios con nuestros modos de vida
- Ser agradecidos por todo
- ¡Regocijarnos constantemente!
- Servir en cada oportunidad

¡Te reto a que elijas una de estas actitudes/acciones por semana y que la LLEVES A CABO!

¡Cuando trabajamos en conjunto con el Señor, ocurren transformaciones milagrosas!

CAPÍTULOS 4 Y 5
LA CONSTRUCCIÓN DE LOS CIMIENTOS
REFLEXIÓN

1. ¿Cuáles son las 5 posiciones espirituales que Dios tiene para ti?

____

____

____

____

____

2. ¿Cuáles 2 "armas" esenciales necesitamos para estar al servicio de Dios?

____

____

____

____

3. ¿Crees que actualmente estás "en una batalla" o "en un crucero" en tu caminar Cristiano? ¿Por qué?

____

____

____

____

4. **¿Te sientes seguro en tu relación con Jesús? O ¿constantemente sientes que debes esforzarte para ganarte Su favor y Su amor?**

____

____

____

¿Sueles sentirte culpable?

____

O ¿te sientes libre de acudir a Él para cualquier cosa?

____

¿Te sientes especial y amado?

____

5. **Si no te sientes seguro y amado en esta relación, ¿estarías dispuesto a comenzar a creer que la verdad de Dios sobre ti es real? (Es decir, que Él te ama, te perdona, te atesora y te prepara para darle servicio).**

____

____

____

____

LA RENDICIÓN

Cuando escuchamos la palabra "rendición", es común que se nos vengan imágenes negativas a la mente. Pensamos en un país rindiéndose, lo cual lo vuelve débil. Quizá nos imaginemos un partido de fútbol infantil, donde el equipo que se rinde ha perdido ante "la competencia". O posiblemente pienses en un criminal rindiéndose a la policía.

La palabra, de hecho, sí significa "declararse derrotado" o "ceder la posesión o el control de algo debido a coerción o presión". Sin embargo, estamos por descubrir que la rendición bíblica resulta en una vida de paz y propósito.

En el mundo actual, encontramos poca evidencia de la rendición. El dinero es nuestro dios y la avaricia es implacable. En el mundo empresarial, rendirse es fracasar. El "todopoderoso dólar" ha superado a la gente en cuanto a importancia. Frecuentemente vivimos "solo por nosotros mismos", y ceder nuestro tiempo o nuestros recursos para ayudar a los demás es un concepto que nos parece ajeno. No solo eso, sino que además carecemos de paciencia y compasión para quienes no están a la altura de nuestras expectativas o no pueden satisfacer nuestras necesidades.

Dios desea nuestra rendición

Cuando Dios nos pide que nos rindamos, lo que realmente quiere es que nos *entreguemos a Él voluntariamente*. Esto es algo completamente distinto a lo que el mundo entiende como "rendición". Antes que nada, es nuestra *elección*. Entregamos conscientemente nuestros <u>derechos</u> como individuos para poder servir a un propósito más grande. Otra vez, esto no significa que perdamos nuestra identidad, pues Dios, de hecho, *creó* nuestra singularidad para Sus planes. Cuando nos sometemos a Su autoridad y orientación, nuestro destino en esta vida se vuelve evidente.

Otra palabra para "rendición" es *"sumisión"*. El primer paso que damos en nuestra relación con Cristo es aceptar la vida que Él nos ofrece como reemplazo para nuestra vieja vida. Esto implica el acto de *someternos*. Al igual que la palabra "rendición", este término puede traer ideas horrorosas a las mentas de algunas personas. Creen que se trata de hacer lo que alguien más quiere; algo que va completamente en contra de sus voluntades.

Tal vez hayas estado en una relación abusiva y te hayas prometido no volver a someterte a alguien más. O quizá hayas lidiado con algún familiar controlador y manipulador y te sientas aterrorizado de que alguien aparte de ti controle tu voluntad. Sea cual fuere el caso, la sumisión es un concepto difícil de enseñar en el sentido bíblico, pues a mucha gente le da miedo estar bajo el yugo de otra persona. Además, ¡ya tenemos que lidiar con nuestras propias voluntades de acero!

La definición bíblica de "someterse" es "aceptar la autoridad o la voluntad de otra persona", o "ceder ante el conocimiento, el juicio o la experiencia de alguien más". Implica entregarle nuestra voluntad a Dios. Es similar a la definición secular, pero la principal diferencia es que, cuando nos sometemos a Dios, estamos colocándonos voluntariamente en las manos de nuestro Creador, que nos ama intensamente y que siempre tendrá nuestro mejor interés en Su corazón.

Él no pretende manipularnos, dominarnos o aprovecharse de nosotros. Su principal propósito es llenarnos de Su Espíritu Santo para que podamos vivir una vida que refleje Su belleza y Su gloria. Los beneficios de entregarle nuestras voluntades al Padre superan enormemente a las desventajas de vivir solo por nosotros mismos.

Dios nos da la libertad de aceptarlo, obedecerlo, alabarlo y amarlo (o no). Él nunca nos obligará a someternos. Sin embargo, tenemos que estar conscientes de que habrá consecuencias si no nos acogemos a Su autoridad.

Tal vez no nos demos cuenta, pero constantemente nos sometemos a todo tipo de circunstancias y personas. Esto usualmente es una decisión nuestra, como no obedecer las leyes de tránsito. O, cuando nos "sometemos" a nuestros jefes, podemos hacer cosas que no queremos, como trabajar más horas de las que nos pagan. En ese caso, decidimos doblar nuestra voluntad (someternos) para conservar el empleo porque perderlo podría ser peor que acceder a hacer cosas que no queremos.

¿Tienes apetito?

Parte de la sumisión tiene que ver con recibir la ayuda de Dios para controlar nuestros "apetitos". Esto no se refiere a lo que comemos (aunque la glotonería *sí* es cuando comemos de más al punto de afectar nuestros cuerpos). Nuestro "apetito" en términos bíblicos también es conocido como nuestra "carne". Esta es la base de nuestras almas: nuestras emociones, voluntades y pensamientos. También nos referimos a ello como "nuestras pasiones".

Dios desea que lo amemos con todo nuestro corazón, nuestra alma y nuestra fuerza (Deuteronomio 6:5-9). Él pudo haber creado robots, pero quería tener una *relación* profunda con la humanidad mediante una unión mutuamente amorosa, en donde ambos lados mostraran devoción por *voluntad* propia. Él anhela que nuestra pasión sea Él, así como nosotros somos la Suya.

Es por eso que el apóstol Pablo habla de controlar nuestra carne; o sea, nuestras pasiones. Cuando el pecado es el estado predefinido en nuestras vidas, naturalmente flotamos a la deriva del Señor (Romanos 8:5-8). Pero cuando permitimos que Su Espíritu nos controle, nos orientamos hacia Dios y Sus caminos (Romanos 8:9-14).

¡Pero tú no lo entiendes!

Aquellos que aún no entregan sus vidas al Señor no tienen idea de lo que se están perdiendo. Podemos comparar esto con la historia del pescador que llega a la costa después de su primer viaje en altamar. Al bajarse el barco, la multitud en la costa le pregunta cómo le fue, y él responde: "¡Fue terrible! Los mares eran bruscos y peligrosos. Todo estaba frío y mojado. ¡Estuve mareado durante todo el viaje!". La multitud, por lo tanto, cree que esto es lo que experimentarán cuando viajen por mar.

Sin embargo, la semana siguiente llega un crucero al puerto. Una vez más, la multitud les pregunta a los viajeros cómo les fue en su viaje. Ellos responden: "¡Fue maravilloso! La comida fue la mejor que hemos probado. El Sol brillaba y vimos todo tipo de animales marinos. Fue increíblemente relajante. ¡No podemos esperar para volver!".

Como verás, el pescador solo vio un lado de la historia: el suyo. Debido a su experiencia y conocimiento limitados, él no estaba en la posición para contarles a los demás de la increíble experiencia que *pudieron* haber tenido, porque nunca había visto la belleza ni sentido la emoción que experimentan los que viajan en crucero. Y, pese a que *creía* entender la verdad completa, no conocía el panorama entero.

Este mismo principio aplica a quienes no le han entregado sus vidas a Jesucristo. Nunca han experimentado la mano amorosa, rectora, poderosa y protectora de Dios, por lo que su conocimiento es muy limitado. Piensan que una vida de sumisión al Señor será aburrida. Asumen que le faltará diversión y pasión. O que no será más que una larga lista de reglas y normas.

Mucha gente "cree" que conoce a Dios, e incluso podrían afirmar que han "leído" la Biblia. No obstante, 1 Corintios 2:10-16 nos deja claro que **debemos** ser habitados por el Espíritu Santo para entender las profundas ideas de Dios. Por cierto, la palabra "espiritual" en esta Escritura no se refiere al concepto de espiritualidad del mundo.

Hoy en día, muchas personas afirman ser espirituales, pero no tienen una relación con Jesús o con el Espíritu Santo de Dios (Juan 14:6). Practican la adoración de muchos dioses y creen que Dios "está" en todo y en todos, que Dios "ama y tolera cualquier cosa" y que Él nunca "mandaría a nadie al infierno".

Todos ellos han sido engañados y viven en la oscuridad (1 Corintios 1:18-25). Se *rehúsan* a creer en la verdad. En realidad, la personalidad de Dios tiene muchas facetas, incluyendo justicia con piedad, así como amor y odio por el pecado. Él es nuestro Proveedor, pero requiere nuestra sumisión. De hecho, la gente se envía *a sí misma* al infierno cuando rechaza a Jesús (Juan 3:16-18; 16:9). Dios desea tu fraternidad ahora y tu compañía eterna en el cielo. Él no quiere que **nadie** se vaya al infierno. Sin embargo, solo el corazón humano puede rechazar la obra de Dios (Lucas 19:10).

En términos más categóricos, ¡Jesús dice que aquellos que lo rechazan —quienes no lo aman y no aceptan Su Espíritu— literalmente le *pertenecen al diablo!* (Juan 8:42-46). Ahora, antes de que tachemos esa afirmación de intolerante, debemos recordar que Jesús también dejó claro que solo existen dos lados en el universo: el Suyo y el de Satanás (Mateo 12:30).

¡Esto no es algo que estemos inventándonos los Cristianos! No estamos siendo pesimistas, simplemente estamos citando lo que DIOS ya ha explicado. No hay punto medio. Esta idea incluso aplica a los Cristianos que nunca le han entregado realmente sus corazones, mentes y voluntades a Cristo. Se aferran desesperadamente a viejas actitudes y mentalidades, rehusándose a rendirse por completo. Esta conducta carente de sumisión es obvia, pues sus vidas no exhiben el fruto del Espíritu Santo, que consta de amor, alegría, paz, paciencia, amabilidad, gentileza, bondad, fidelidad y autocontrol. Su "actuar" no refleja su "hablar".

Ahora, no me refiero a la gente que ama al Señor y que permite que Su Espíritu trabaje en sus defectos. Lo cierto es que, mientras tengamos aliento, *siempre* nos costará dominar nuestra carne (Romanos 7:21-25). Pero si continuamos sometiéndonos a Jesús y buscándolo, Él nos promete cambiar los deseos de nuestros corazones (Salmos 37:3-5). Con el tiempo, nuestras vidas deberían transformarse y reflejar más Su carácter. Tenemos que autoexaminarnos periódicamente para asegurar que esto esté sucediendo.

¡Tú puedes!

Como mencionamos anteriormente, en nuestra cultura "individualista" se nos dificulta entregarle nuestra "libertad" a alguien más. Hay circunstancias en las que nos unimos (o nos obligan a unirnos) a una "causa", lo que nos lleva a perder algo de nuestra individualidad, o toda. Piensa en una guerra, un culto religioso o una pandilla. La individualidad se rechaza o se suprime para crear "unidad" en el conjunto. Es casi como si uno tuviera que renunciar por completo a su personalidad para que el "líder" fuera el único que recibiera obediencia o exaltación.

Lo interesante sobre el Cristianismo es que está lleno de algo conocido como "oxímoron", lo que significa "una afirmación que parece ser contradictoria, pero que, de hecho, es cierta". Algunos ejemplos son que debemos "morir" para "vivir", que debemos ser humildes para ser grandes, y que debemos sacrificarnos (nuestro *egoísmo*, no nuestra personalidad) para crear unidad. Seguir a Jesús significa amarlo con todo tu corazón, tu mente y tu fuerza.

Después están otras religiones del mundo que enseñan que debes "vaciar tu mente" para volverte "uno mismo con el universo". Esto es completamente ajeno a lo que dice la Biblia. ¡Dios quiere que nuestras mentes estén completamente activas cuando pensemos en Él y hablemos con Él!

A diferencia de los grupos religiosos que rechazan la individualidad de sus miembros, Dios usa las fortalezas y los talentos únicos de cada uno de Sus seguidores para realizar Su voluntad. Si nuestras vidas reflejan a Cristo, la gente podrá apreciar las verdaderas dimensiones del "conjunto" que es la Iglesia, o el Cuerpo de Cristo.

Nuestra conducta suele ser la única imagen que el mundo verá de Jesús, y por eso es tan esencial ser un verdadero representante de Él en nuestras vidas. Recuerda: nuestra sumisión a Jesús solo es beneficiosa si es genuina (Mateo 23:25-27). ¡Los no Cristianos sabrán instintivamente si somos auténticos o no!

No te preocupes, Dios no quiere que le entregues a tu hijo... ☺
Sacrificio... ¡Esa es una palabra que odiamos escuchar!

Cuando le entregamos en serio nuestras vidas a Cristo, naturalmente comenzamos a sacrificar nuestro tiempo, talento y dinero para promover el Reino de Dios. Cuando Jesús ocupa el trono en nuestras vidas, Sus caminos se convierten en los nuestros. Dado que Él nos provee y nos ama, y que se sacrificó por nosotros, nosotros también deberíamos empezar a actuar de ese modo. De hecho, el modo en que tratamos a los demás nos permite juzgar si Jesús *realmente* vive y reina en nuestras vidas.

Una de las maneras de "sacrificarnos" es renunciando a nuestro "derecho" de defender algún punto de vista que se oponga a la Palabra de Dios. Quizá tengamos que ceder nuestro "derecho" de mantenernos en comportamientos pecaminosos. Tal vez nuestro "derecho" a albergar resentimiento, rencor o egoísmo no sea más que una idea nuestra.

Fuimos comprados con el precio de la sangre de Jesús, y como tal, debemos honrarlo permitiendo que nuestras vidas cambien para Su gloria (1 Pedro 1:18-20). Nuestra rendición verdaderamente nos traerá las más maravillosas recompensas.

¿Cómo ayuda la rendición a mi vida?
Una de las más bellas recompensas de volvernos Cristianos es que nos hacemos parte de una nueva familia. También nos volvemos herederos del trono de Dios (Gálatas 3:29; Romanos 8:17). Además, recibimos todas las promesas que Dios le hace a Cristo porque hemos renacido en Su linaje.

¡2 Crónicas 7:14-16 nos dice que somos *llamados por Su nombre*! En el Viejo Testamento, eso era un honor inmenso. En los tiempos bíblicos, tu nombre se asociaba con tu carácter, y el ser asociado con alguien cuyo nombre era respetado significa que tú también te ganabas renombre.

¡La verdad es que si hemos aceptado genuinamente a Cristo y estamos dispuestos a someternos a Su autoridad, somos hijos del Rey! (1 Pedro 1:3-5). Somos *realeza*. ¡Somos sacerdotes del Dios Supremo! (1 Pedro 2:5, 9). ¡Somos amigos y amados del Maestro del Universo! En serio, ¡eso es mejor que conocer a cualquier celebridad o persona de esta tierra que consideremos "importante"!

Comprometer nuestras vidas a Cristo viene acompañado de enormes bendiciones, pero también de una gran responsabilidad. La Escritura anterior en segunda de Crónicas también habla sobre la humildad y la oración, así como de la necesidad de buscar el rostro de Dios y de abandonar nuestros caminos perversos, lo que hará que Dios nos escuche, nos perdone y sane nuestra tierra (esto contempla nuestras vidas y nuestra nación).

Someternos al Señor es un componente esencial para recibir Sus bendiciones

Someternos al Señor significa obedecer a Dios primero. Significa dedicarle nuestros cuerpos, mentes, voluntades, emociones, espíritus, finanzas, posesiones, relaciones, temores y esperanzas. La Biblia dice que debemos "tomar nuestra cruz y seguir a Jesús" (Mateo 10:38-39). Esta es una decisión de renunciar a nuestros viejos modos y comenzar a dejar que Él cambie nuestra manera de pensar y actuar. Si queremos que nuestras vidas sean sanadas y que Dios escuche nuestras oraciones —y si anhelamos las bendiciones que Él nos promete—, entonces tenemos que seguir los mandatos de las Escrituras.

2 Crónicas 30:6-9 nos muestra algunas de las directrices de Dios, así como los beneficios de nuestra rendición:

Directriz	Beneficio
Volvernos al Señor	Él se volverá a nosotros
No actuar como paganos	No nos convertiremos en objetos de desdén (burlas)

No ser tercos	Si nos sometemos, seremos tratados con compasión
Someternos a Dios	Él no seguirá apartando Su rostro de nosotros
Venir a Su templo	Podremos regresar a esta tierra (estar en casa y en paz con Dios)
Alabarlo	Su ira feroz se alejará de nosotros*

Debemos recordar que, en el Viejo Testamento, Jesús aún no había venido. El juicio era más duro en aquel entonces, pues la ira de Dios no fue "calmada" hasta que Jesús asumió nuestro castigo mediante Su muerte en la Cruz. Es por eso que leemos tanto sobre la ira de Dios y de que, en aquel entonces, Él apartaba Su rostro de la humanidad debido a su pecado.

Pero ten en cuenta que, incluso hoy, aquellos que rechazan a Cristo aún están condenados. Él es un Dios Santo, y no puede estar en presencia del pecado. La ira de Dios aún arde por quienes se rehúsan a aceptarlo en sus vidas (Apocalipsis 14:9-12). En esta Escritura vemos que el infierno es real. Puedes ver el contraste entre quienes creen en Jesús y quienes reciben la marca de la bestia (los no creyentes).

Sin embargo, Dios está esperando pacientemente por este evento del fin de los tiempos, pues Él no quiere que nadie sea destruido (2 Pedro 3:9). Como ya mencioné, las asombrosas noticias del Evangelio dicen que cuando la sangre de Jesús cubre nuestras vidas, Dios solo ve la cubierta de sangre. Por lo tanto, podemos acercarnos a Él porque hemos sido hechos santos y libres de culpa (Colosenses 1:22).

Gracias a la Cruz, ahora vivimos en una era de gracia y misericordia. Sin embargo, esto no significa que podamos actuar como lo hacíamos antes y aun así seguir recibiendo las bendiciones del Señor. Muchos de los principios del Viejo Testamento son eternos y permanecen vigentes al día de hoy.

¿Cómo puedo aprender a someterme a Dios?

Cuando anhelamos al Señor, el Espíritu Santo nos guía, nos cambia y nos renueva. Comenzamos a hacer morir nuestro egoísmo, volviéndonos más maleables para las manos de Dios. La sumisión consiste en estar dispuestos a seguir la disciplina y la dirección de Dios. Esto significa que nos esforzamos por escuchar y obedecer para aprender lo que Él quiere enseñarnos. Aquí hay algunos consejos para que puedas rendir fruto para Dios en tu vida:

1. Reflexiona en silencio sobre lo que Él quiere de ti y para ti. Esto se logra leyendo y obedeciendo Su Palabra y orando. Todo lo que Dios desea y requiere de nosotros está en la Biblia. ¡No hay ningún misterio!

2. Reconoce Su autoridad y elige abandonar tus actos pecaminosos. Esto se hace arrepintiéndonos y humillándonos, lo que solo podemos lograr con Su ayuda. ¡Él está más que dispuesto a darnos el poder de cumplir con Su voluntad! Filipenses 2:13 dice: "Pues Dios trabaja en ustedes y les da el *deseo* y el *poder* para que hagan lo que a Él le agrada".

   Muchos Cristianos son incapaces de obedecer a Dios porque se esfuerzan demasiado por "hacer lo correcto" y se desilusionan cuando no pueden. Terminan pensando que el Cristianismo "no funciona". Pero lo que debemos hacer es apoyarnos del Espíritu Santo. Nuestra responsabilidad es acercarnos al Señor y tomar decisiones que lo glorifiquen.

¡Frecuentemente, "decidir" glorificarlo es lo que nos da el poder de hacerlo!

3. Muestra autocontrol en tu vida. Este es uno de los frutos del Espíritu Santo. ¡Gracias a Dios no se nos pide cambiar nuestro pecado por pura fuerza de voluntad! ¡Es de gran ayuda recordar que Dios QUIERE que logremos hacer Su voluntad incluso más que nosotros! No estamos solos. Aunque sí tenemos que tomar la decisión de escuchar y obedecer, Dios continuará cambiándonos a medida que dependamos de Él y le pidamos Su ayuda en cada situación.

4. Desarrolla paciencia mientras esperas a que el Señor te ayude a implementar los cambios necesarios en tu vida, sabiendo que tomará tiempo.

Jesús quiere que nos entusiasme nuestra decisión de seguirlo, pero también les advierte a quienes tienen fe superficial de que deben elegir entre comprometerse más a Él o dejarlo por completo (Apocalipsis 3:16-17).

Vemos en estos versículos que cuando somos tibios, estamos, de hecho, espiritualmente ciegos. Por lo tanto, no alcanzamos a ver lo deprimente que realmente es nuestra situación. Un seguidor "a medias" es inútil para Dios (Juan 15:6; 2 Pedro 1:3-9).

Antes de decidir seguir a Cristo, debemos "estimar el costo", tal cual lo haría un constructor *antes* de construir una casa. Si la estimación es inexacta, la casa podría terminar construyéndose solo parcialmente. Imagínatela: una casa a medio construir está expuesta a la lluvia, el viento, los insectos y los ladrones. Precisamente así son nuestras vidas cuando solo nos entregamos a Cristo "parcialmente".

Obviamente, cuando entramos en la salvación de Dios, no entendemos inmediatamente lo que nos espera. Sin embargo, debemos entrar con los ojos abiertos. Ser un seguidor de Cristo significa *entregar nuestras vidas por Él sin importar el costo*. **Dios exigió nuestra sumisión para prevenir el caos**. Incluso Jesús se sometió al Padre. Dado que Jesús, que es Dios, se sometió, tenemos que estar pendientes de nuestras propias actitudes ante este componente esencial de la vida Cristiana.

Y no te sorprendas; un posible resultado de tu elección de seguir genuinamente a Jesús puede ser la pérdida de estatus social, amigos o familiares. Significa darle a Jesús el control de tu dinero, tiempo y talento. Quizá recibas odio, burlas o te separes de tus seres queridos. Al final, como ocurre hoy en muchos países, incluso podrías ser torturado o asesinado.

¡¡¡¿¿¿Aún estás SEGURO de que deseas seguir a Jesús???!!! ☺

Lamentaciones 3:25-28 nos ofrece un poco más de sabiduría:

> Espera a Dios,
> Busca a Dios,
> Sométete al yugo de Su disciplina.

Mientras aceptamos Su autoridad, es importante aprender a "descansar" en Él. Debemos entrenarnos para guardar silencio y meditar en Su Palabra. Aprender a "esperar" a Dios representará un cambio en nuestro viejo comportamiento. Debemos "confiar" en Él y buscar maneras de conocer Su opinión, Su sabiduría y Sus caminos. Esto significa que no debemos precipitarnos. Cuando oramos por una decisión, no salimos corriendo inmediatamente a hacer las cosas como "creemos" que deberíamos.

Si no estamos seguros de algo por lo que hemos orado, nos DETENEMOS y no avanzamos hasta que el Señor nos dé luz verde. Es posible que también debamos pedirles orientación divina a nuestros amigos Cristianos de confianza. Usualmente nos apoyamos de gente que no tiene al Espíritu Santo viviendo en ella, lo que podrá parecer una buena idea en el momento, pero probablemente no esté alineado con las intenciones de Dios.

Está de más decir que este concepto no se refiere a nuestro pecado. No debería haber necesidad de "orar" por nuestras conductas pecaminosas. Si estamos pecando, debemos parar. Pero si realmente deseamos que el plan de Dios se lleve a cabo en nuestras vidas, y si genuinamente anhelamos Su sabiduría, entonces el proceso consiste en esperar, buscar y someternos.

Como siempre digo... ¡Lee la palabra de Dios! ¡No puedo hacer suficiente énfasis en esto! Pídele que te hable a través de ella. Usando un diccionario bíblico o una concordancia, puedes buscar las Escrituras que apliquen a lo que estás viviendo y ver cómo otros en la Biblia manejaron su situación. Evita sacar frases de las Escrituras solo para justificar tus propias opiniones. Ora profunda y continuamente por tus problemas y dificultades.

Dios *te hablará* si tu corazón está dispuesto a escuchar la verdad. Pídele fortaleza durante tus pruebas o frente a la tentación. Escribe tus peticiones de oración para que después puedas ver las respuestas de Dios. Ora por el deseo de *hacer* lo que Él te pide. Pide por un cerco de protección contra Satanás durante este momento vulnerable de prueba o decisión.

Recuerda: *la única persona que puedes controlar eres tú mismo.* No nos corresponde controlar a los demás, sino apegarnos a la autoridad de Dios en cada área de nuestras vidas. Nuestra misión como Cristianos es compartir de Jesús con los demás y vivir una vida que destaque como un claro ejemplo del control de nuestro Señor en nuestras vidas.

Una breve advertencia: si vivimos una vida "Cristiana", pero no representamos positivamente al Señor, entonces debemos tener cuidado al compartir nuestra fe con los demás. Si vives una vida de pecado solo para ti mismo, lucirás como un hipócrita para los no creyentes. Esta es una muy buena razón por la que a los que no son salvos les desagradan Dios y la Iglesia.

Además, esto lleva a los demás a creer que ser Cristiano es fácil y que pueden vivir desafiando a Dios y, aun así, llegar al cielo. Esto deshonra al nombre y al carácter de Dios. Desde luego que no somos perfectos, pero ser llamados por Su nombre tiene un precio, y ese precio es sumisión y sacrificio.

La madurez Cristiana implica:

- Convertir a Cristo en el CENTRO de nuestras vidas.
- Tener comunión genuina e íntima con Jesús, sin depender de rituales religiosos.
- No volver a caer en el pecado (o rehusarnos a renunciar a él).
- No confiar en nosotros mismos.
- Impedir que CUALQUIER COSA se interponga entre Cristo y nosotros.

Nuestra labor como seguidores de Jesús es asegurarnos de recibir lo que necesitamos de Él. Ningún humano podrá darnos el poder de actuar como nuestro Señor. Ninguna otra persona será capaz de sanar las profundas heridas o el dolor de nuestro pasado. Además, probablemente sean pocas las personas que se entregarían incondicionalmente para ayudarnos a triunfar.

Pero podemos ser transformados en la clase de gente que Dios desea: personas que se ayuden las unas a las otras, que amen sin importar las circunstancias y que promuevan la unidad en las situaciones mediante la oración y el autosacrificio. Podemos lograr esto aferrándonos a Jesús y recibiendo Su poder, Su amor y Su propósito para nuestras vidas. Esta es la única manera en que el mundo sanará, y ciertamente es la única manera en que la Iglesia de Cristo podrá convertirse en lo que Jesús quiere que sea.

¡Realmente ES algo maravilloso!

A diferencia de lo que obtenemos del sistema del mundo, recibimos beneficios completamente diferentes cuando decidimos rendirnos a Dios. En lugar de obtener dinero o poder, nuestro carácter se transforma. Adquirimos una nueva perspectiva de esta vida y del mundo que está por venir. Las alegrías de la rendición son demasiadas para contarlas todas. Comenzamos a desarrollar una relación íntima con el Padre, el Hijo y el Espíritu Santo. Recibimos poder real sobre nuestro pecado y nuestro egoísmo, pues el poder de Dios ahora funciona dentro de nosotros.

A medida que continuemos siguiendo Sus caminos, comenzaremos a producir fruto dulce. Las cosas que nos hacían vivir en miedo, culpa y vergüenza serán eliminadas, y en su lugar obtendremos una profunda sensación de autoestima, una gran pasión por la vida, una alegría que sobrepasa el brillo de este mundo y una sensación de seguridad y protección, incluso en medio de las conmociones. ¡Vaya intercambio!

Es hora de que evalúes tu vida. Lo que hemos aprendido en esta lección tiene beneficios a corto y largo plazo. En cambio, hay graves consecuencias para todo aquel que rechaza a Jesús, pretende ser Cristiano o no se ha sometido a la dirección de Dios.

Jesús quiere tu vida **entera** a Su disposición. ¡Esto no es algo que temer, sino el camino verdadero hacia el éxito y la felicidad! Comienza hoy mismo pidiéndole que te revele la condición real de tu relación con Él. Y pídele que te dé el poder para someter tu vida completamente a Él.

CAPÍTULO 6
LA RENDICIÓN
REFLEXIÓN

<u>Hoja de ejercicios</u>
Responder estas preguntas difíciles te puede ayudar a determinar el curso de tu vida:

1. **¿Tienes miedo de entregarle tu vida verdaderamente a Dios? Escribe cómo te sientes sobre darle a Dios:**

   <u>Tu tiempo</u>
   ¿Cuánto tiempo pasas ayudando a los demás, a tu iglesia, a los necesitados, etc.?

   ____

   ____

   <u>Tus pensamientos</u>
   ¿Cuánto tiempo pasas leyendo la Biblia?

   ____

   ¿Alabando a Dios?

   ____

   ¿Orando?

   ____

   ¿Pensando en Jesús a lo largo de tu día?

   ____

   <u>Tu corazón</u>
   ¿Sientes una gran pasión por Jesús, o Él es alguien "secundario" en tu vida?

   ____

   ____

¿Te encanta encontrarte con Dios, hablar con Él y leer sobre Él en la Biblia?

Si te sientes emocionalmente seco, ¿estarías dispuesto a orar para que Dios renueve tu pasión por Él?

<u>Tu talento</u>
¿Cuáles son tus talentos? ¿Con qué frecuencia los usas para promover el Reino de Dios?

<u>Tu dinero</u>
¿Das el diezmo? (Devolver parte de tu dinero a Dios mediante la Iglesia).

¿Qué te da miedo de darle tu dinero a Dios?

¿Crees que tu dinero no será usado correctamente si se lo das a tu iglesia?

¿Crees que "no te alcanza" para darle algo de tu dinero a Dios regularmente?

¿Te sientes "engañado" o culpable cuando escuchas que tu Pastor solicita la ofrenda?

¿Sueles gastar dinero en los menos afortunados (fuera de tu familia)?

____

Tu pecado
¿Cuál es algún hábito, adicción o actitud egoísta que te rehúsas a entregarle a Dios?

____

¿Por qué te cuesta tanto trabajo cambiarlo o dejarlo ir?

____

____

¿Crees que Dios puede sanarte o liberarte de esto?

____

2. Si te da miedo entregarle estas áreas a Dios, pregúntate: "¿Por qué me da miedo?" y anota tu respuesta. (Por ejemplo: "No estoy listo para renunciar a las cosas que estoy haciendo", o: "Estoy demasiado ocupado como para darle algo de mi escaso tiempo a Dios", o: "No quiero perder a mis amigos/familia/pareja, etc.", o "Mi dinero es mi dinero, yo me lo gané...").

____

____

____

____

3. ¿Realmente quieres empezar a vivir una vida más santa? ¿Por qué?
(Por ejemplo: "Soy miserable al no hacer lo que sé que debería estar haciendo, y quiero estar en una mayor intimidad con Dios", o: "Estoy cansado de intentar vivir dos vidas distintas, quiero dar el paso y comprometerme totalmente a Él", o: "Me siento como un fraude, pues soy una persona completamente distinta cuando

estoy en casa que cuando estoy en público. Quiero ser la misma persona todo el tiempo”).

———————————————————

———————————————————

———————————————————

———————————————————

4. ¿Cuáles son algunos pasos que puedes tomar para lograr los cambios que quieres?
    (Podrías decir: “Voy a comprometerme a leer la Biblia por 20 minutos cada día”, o: “Voy a comprometerme a orar por cierto tiempo cada día para encontrarme voluntariamente con Dios”, o: “Voy a salir de mi zona de confort para servir a alguien más al menos una vez al día”).

———————————————————

———————————————————

———————————————————

———————————————————

5. ¿Qué es lo peor que podría pasar si te sometes a Dios?
    (Por ejemplo: “Me daría pena que otros supieran que soy completamente devoto a Jesús”, o: “Tendría que cambiar a la gente con la que me junto”, o: “Eso alteraría la vida superficial que llevo con Jesús por ahora, y estoy cómodo dándole solo una parte de mi vida”.)

———————————————————

———————————————————

———————————————————

———————————————————

PARTE II

LA FUNCIÓN
DEL DISCIPULADO

LA SERVIDUMBRE

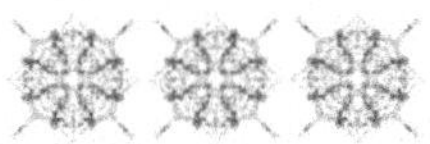

Si tuviera que explicar qué es un Cristiano con una palabra, sería **Sirviente**.

Esto podrá sonarte extraño, pues hay muchas otras palabras maravillosas que se nos podrían ocurrir si fuéramos a describir a un auténtico seguidor de Jesucristo. Amoroso, alegre, generoso, amable, respetuoso... Todas estas pueden (y deben) ser características de los Cristianos. Sin embargo, la *servidumbre* es la base de todos estos atributos.

Como Cristianos, hemos sido comprados a un precio inconmensurable y precioso (1 Pedro 1:18-20). Por lo tanto, no solo somos privilegiados, sino que estamos obligados a asegurar que Jesús sea elevado continuamente a Su lugar merecido como nuestro Maestro y Señor. Esta es la base de nuestra fe. Pero a menos que nos convirtamos en humildes sirvientes, nunca podremos madurar como Cristianos ni experimentar la profunda relación que Dios quiere tener con nosotros.

Si tenemos la actitud correcta, desearemos amar al Señor y rendirnos a Él. Uno de los frutos más hermosos de ese amor es el servicio a los demás: la *servidumbre*. Por lo tanto, ¡la manera en que sirvamos a los demás nos *volverá* cariñosos, alegres, generosos, amables y respetuosos!

Yo, yo, mío, mío

No es difícil ver que el concepto de servir ha disminuido drásticamente en nuestra cultura a lo largo de las últimas décadas. Esta es una de las principales razones por las que hay tanto caos en el mundo. Nos hemos convertido en "consumidores", lo que dista enormemente de ser "servidores". Esta mentalidad también ha afectado a nuestras iglesias. ¡Para muchos, es una gran hazaña y un sacrificio donar dinero a la Iglesia o a alguna misión, o servir en un comedor para la gente sin hogar una vez a la semana!

La raíz de esta mentalidad consumista es el "ego". Hemos quitado sistemáticamente a Dios del trono de nuestras vidas personales y nuestros países, y lo hemos reemplazado con nuestros propios deseos, caprichos y opiniones. Sin embargo, esto ha deteriorado a naciones enteras, dejándolas en ridículo.

Cuando nos sobreponemos a los estándares bíblicos y nos rehusamos a someternos a la voluntad de Dios, cosechamos fruto podrido (Romanos 1:18-32; Gálatas 5:14-24; 2 Timoteo 3:1-5). En estos pasajes, el apóstol Pablo usa las palabras "mordiéndose" y "devorándose". ¡Esto me recuerda a los animales salvajes que se atacan mutuamente, y veo regularmente este comportamiento en nuestra sociedad!

El "ego" siempre divide. Piénsalo: si todos están "haciendo lo suyo", entonces es imposible lograr unidad. Cuando fijamos nuestros ojos solo en nosotros mismos, no alcanzamos a ver las necesidades de otros. Y si cada quien va en su propia dirección, no existe ningún interés o meta en común (Proverbios 14:12), y resulta imposible ayudarnos los unos a los otros.

Podemos creer que "estamos obteniendo lo que queremos, así que seremos felices"; esencialmente, estamos amándonos a nosotros mismos. Sin embargo, este comportamiento solo nos deja fragmentados, frustrados, decepcionados y solos. De hecho, cuando nos "amamos a nosotros mismos" de esta manera tan tóxica, lo que experimentamos en realidad no es *amor* (1 Corintios 13:4-7). El amor verdadero mira hacia afuera, no hacia adentro. Y ya que **Dios** *es* amor, cuando estamos lejos de Él, perdemos nuestra capacidad de amar genuinamente (1 Juan 4:8).

Ahora, probablemente estés pensando: "Pues yo amo a mi pareja, a mis hijos o a mis padres, así que no necesito la ayuda de Dios para amar a nadie". En ese caso, debes examinar a qué *tipo de amor* te refieres. La clase de amor que se basa en el servicio y que se comparte con los demás se conoce como *agape* en el lenguaje griego original del Nuevo Testamento.

Este es el amor puro que proviene del corazón de Dios el Padre. Es la clase de amor por la que envió a Su Hijo a la Cruz. Jesús, en Su amor por nosotros, aceptó sufrir una muerte insoportablemente dolorosa para salvarnos. Dios nos pintó un panorama de amor verdadero al entregarse a sí mismo (Gálatas 1:4; 1 Juan 3:16). Es un amor de sacrificio. *Y no necesita recibir amor a cambio para continuar amando.*

De hecho, la razón fundamental por la que podemos amar es porque el amor se origina de Dios (1 Juan 4:19). Los humanos fuimos creados a la imagen de Dios, así que derivamos nuestro amor de Su carácter (Génesis 1:27). En esencia, todos tenemos la habilidad de reflejarlo en ciertas áreas de nuestras vidas, incluso cuando no estamos en una relación con Él. Por ejemplo, nuestros talentos, nuestro deseo de ayudar a los demás y nuestra apreciación de la naturaleza son consecuencias de haber sido creados a Su semejanza.

Sin embargo, el amor *agape* es el resultado directo de que el Espíritu Santo habite en nosotros. Esto nos empodera para poner a los demás en mayor estima que a nosotros mismos (Filipenses 2:3; Gálatas 5:22). Esta clase de amor, según leemos, se basa en la humildad. Y es naturalmente **servicial**; incluso nos hace sacrificarnos por los extraños y por quienes no nos agradan.

Dios primero

A menudo pensamos que somos independientes. De hecho, educamos a nuestros hijos para que sean autosuficientes desde el inicio de sus vidas, cuando están aprendiendo a caminar y a hablar. Aunque es bueno y saludable que los humanos cuiden de sí mismos, desafortunadamente, hemos llevado esta mentalidad al extremo.

Esta actitud egoísta afecta nuestras mentes, voluntades, emociones y conductas. Cuando sentimos que no necesitamos la ayuda de Dios ni de nadie más, esta autosuficiencia se vuelve tóxica. Como consecuencia, pensamos que depender y apoyarnos de Dios es como "usar muletas".

Aquello en lo que enfocamos nuestro afecto y energía —nuestro corazón y nuestra alma, esencialmente— es lo que amamos y reverenciamos. Es prácticamente lo que alabamos. Irónicamente, sin importar lo independientes que *creemos* que somos, todos servimos a algo o a alguien (Romanos 6:16). Nuestras acciones revelan a quién servimos: a Dios o a nosotros mismos.

Por lo tanto, cuando nuestras más altas prioridades están fijas en cualquier cosa o persona ajena a Dios, estamos colocando nuestra adoración en el lugar incorrecto. Esto es justamente lo que trae tanto descontento a nuestras vidas. ¡Fuimos *creados* para amar y servir a Dios por encima de todo lo demás!

Frecuentemente se nos dificulta ver que cuando nos ponemos a nosotros mismos, a los demás o a las "cosas" antes que a Dios, estamos preparándonos para el fracaso. Lo cierto es que Dios es el único que verdaderamente merece honor, respeto y amor absoluto. Y el fruto que producimos —el resultado de nuestras decisiones— es prueba de las intenciones reales de nuestro corazón. Si ponemos a Dios primero, de nuestra vida brotará servidumbre, pues ese es el corazón de nuestro Señor.

Ahora, ¡esto ciertamente no significa que esté mal cuidarnos! Algunas personas "sirven" a Dios y a los demás al punto en que ignoran por completo sus propias necesidades. Incluso podrían ver este tipo de servicio como un distintivo de honor. Reciben atención por toda la labor que realizan y se hacen los mártires. "Ponerse de tapete" es otro extremo tóxico.

¿Qué o a quién adoro?

Nosotros podemos decidir a qué o a quién dedicarle nuestra vida. ¡Hay una razón por la que conocemos a los actores y a los deportistas famosos como "ídolos"! Todos hemos visto o escuchado de personas que parecen "tenerlo todo". Podemos envidiar su dinero, su poder, su casa, su apariencia, su auto o su estatus.

Pero si Cristo está ausente de sus vidas, en realidad viven una existencia vacía. Ellos suelen adorar cosas y personas, pero al hacerlo, rechazan a Dios, quien por sí solo puede traer profunda alegría y verdadera satisfacción. De hecho, la palabra en hebreo para "alabar" es la misma que la que se usa para "ser esclavo de". Por lo tanto, somos esclavos de lo que alabamos (2 Pedro 2:19).

He conocido a muchas personas que dicen que son felices, pero que no tienen una relación con Jesús. Sienten que sus vidas están completas sin Dios. Creo que *es posible* tener una vida relativamente "buena" sin el Señor... pero... esta gente está ignorando una enorme parte de su capacidad humana: su espíritu.

Ellos nunca experimentarán la profunda alegría, esperanza y propósito que Dios ha decretado para ellos. Se rehúsan a conocer al Salvador y a estar en comunión con Él. El problema grave con esto es que Dios no dice que tendrás vida eterna si eres "feliz" o "bueno". Él deja claro que si no aceptas a Jesucristo en tu corazón y tu vida, no pasarás la eternidad con Él.

Después hay otras personas que están completamente absorbidas por sí mismas. Constantemente hablan de *su* situación, de *sus* logros y de *sus* problemas, pero rara vez se preocupan por cómo están los demás. Esta gente se "alaba" a sí misma. ¡Esto literalmente drena de energía a quienes los rodean, y uno nunca se siente mejor después de pasar tiempo con ellos! Estos dos tipos de personas tienen algo en común: no sirven a los demás.

Jesús, el sirviente

Mientras entrenaba a Sus discípulos, Jesús tuvo mucho que decir sobre ser un sirviente. Encontramos un mensaje sorprendente en Mateo 20:25-28. La palabra griega para "esclavo" en este pasaje es *diakoneo*, que es de donde derivamos el término en español "diácono", que se traduce a "ser ministro", "ser un asistente" o "esperar servilmente (a alguien más) como un servidor".

Para nuestra comprensión humana, ser esclavo de alguien más no suele ser algo emocionante. Sin embargo, nuestro Señor está describiendo una de las maneras más importantes para tener una relación íntima con Él, para promover los propósitos de Su Reino y para obtener alegría.

Increíblemente, Jesús —Dios en la carne, Cocreador, Rey de Reyes—, dijo que "venía *a* servir, no a *ser* servido" (Mateo 12:18; Marcos 10:45; Filipenses 2:3-8). Él vino a sacrificar Su sangre para que pudiéramos volvernos santos y disfrutar de una relación con Él ahora y por siempre.

Incluso existe una profecía sobre Jesús en el libro de Isaías del Viejo Testamento, donde es descrito como el "Siervo Sufriente" y el "Siervo del Señor" (Isaías 42:1; 49:5-7; 52:13-15). Lo más sorprendente es que Jesús se refiere a *sí mismo* en Lucas 4:18-19. ¡La Escritura de la que está hablando es de Isaías 61:1-2, y ese pasaje data de aproximadamente 700 años antes de que Él siquiera naciera!

Nos resistimos a la idea de ser "sirvientes" en nuestra sociedad gracias a los pensamientos que esa palabra invoca. Nuestra cultura suele menospreciar a quienes ganan el salario mínimo o a quienes sirven a otros para vivir. Sin embargo, Jesús usaba esta palabra a propósito, y esperaba que literalmente viviéramos esta *identidad* en nuestras vidas tal cual lo hizo Él (Isaías 53).

Hay muchas definiciones bíblicas para "esclavo" o "sirviente". Sin embargo, una muy bonita que clasifica nuestra identidad como "esclavos" de nuestro Señor se describe en el Viejo Testamento (Deuteronomio 15:12-17).

Leemos en este relato que si alguien estaba endeudado, debía servirle a la persona o a la familia a la que le debía por 6 años, y era liberado al séptimo año.

Sin embargo, había veces en las que el esclavo desarrollaba un profundo cariño por la familia a través de los años y decidía servirles por el resto de su vida. En casos así, al esclavo se le atravesaba la oreja con un punzón (una pieza filosa de piedra, hueso o metal) como símbolo de una vida de esclavitud *deseada*.

Esta es una imagen precisa de cómo debe ser nuestra relación con Jesús. Él sabe que si posee completamente nuestros corazones, mentes, voluntades, almas y fuerzas, entonces podrá empoderarnos para vivir una vida con propósito; una mucho más significativa que las existencias temporales y llenas de idolatría que solemos elegir cuando nos centramos solo en nosotros mismos. Dado que Jesucristo estuvo libre de pecado, es el líder y el ejemplo perfecto a imitar cuando se trata de servidumbre.

Varias personas en la Biblia decían que eran siervos de Jesucristo, y me parece algo hermoso. ¡Yo definitivamente quiero ser una sierva deseosa, profundamente comprometida, siempre dispuesta, conectada y rendida por completo a mi Maestro! ¡Quiero que mi Señor esté encantado conmigo cuando lo vea cara a cara!

¿A qué estás esclavizado?

Desde luego, es normal que pensemos en la palabra "esclavitud" en términos negativos. Pero solo piensa: si fueras "esclavo" de Jesús del mismo modo en que eres esclavo de otra cosa en tu vida, ¿no sería algo increíble? ¡Tendrías un **deseo** por hacer el bien! **¡No podrías resistirte** a ser generoso, amable y compasivo! **¡Te costaría trabajo pensar en otra cosa** que no fuera satisfacer a Dios! **¡Harías a un lado otros intereses y actividades** solo para entregarte a servir al Señor!

Esto es precisamente a lo que se refería Dios cuando nos ordenó "amar al Señor tu Dios con todo tu corazón, con toda tu alma y con todas tus fuerzas" (Deuteronomio 6:4-6; Mateo 22:37).

Si no nos dedicamos al Señor en mente, corazón, cuerpo y alma, no tendremos el deseo de pasar tiempo de calidad con Él. No "tendremos ganas" de leer la Biblia ni de darle una porción de nuestras finanzas. No desearemos ayudar a alguien en necesidad.

Pero ten cuidado: si constantemente ponemos nuestros propios deseos primero, Él se resbalará silenciosamente de nuestros corazones y mentes. Esta tragedia se ha vuelto una realidad para muchos Cristianos bienintencionados. Lo cierto es que es más difícil reconectarnos con el Señor después de haber recaído que mantener nuestra intimidad con Él a diario.

Nuestro Señor también nos dice que debemos entregarle nuestras vidas y abandonar nuestros caminos SI queremos obtener vida eterna (Marcos 8:34-38; Juan 12:25-26). Esta idea de rendición no quiere decir que nuestra labor por Dios nos haga acreedores a la salvación, pues solo el sacrificio de sangre de Cristo puede hacer eso. La salvación es un regalo gratis, no algo que se gane.

Pero lo que dicen las Escrituras con respecto a la vida eterna es que SI eres salvo —"SI realmente eres mío (de Jesús)—, entonces naturalmente me entregarás tu vida en servicio" (Romanos 15:1-3; 2 Timoteo 2:21). El amor siempre es servicial.

Siempre habrá evidencia de divinidad en la vida de alguien que vive por Jesús. Repito, la salvación es "gratis", pero le costó todo a Dios, y ser un discípulo genuino ciertamente nos costará todo. ¡Jesús quiere nuestro compromiso de todo corazón, no solo un intento a medias! (2 Crónicas 6:14).

¿Por qué tengo que servir?

El servicio es una parte de nuestra adoración a Dios. Una excelente pregunta que podemos hacernos para determinar en qué estamos enfocando nuestras vidas es: "¿En qué suelo gastar la mayoría de mi tiempo, mi afecto, mis pensamientos, mi dinero y mi energía?". Esto nos permitirá dirigir los reflectores hacia nuestros verdaderos incentivos y valores.

Jesús solía usar a la naturaleza como una metáfora para expresar verdades espirituales. Podemos comparar nuestro servicio con una reserva de agua. Si el nivel de agua es demasiado alto, podemos sacar el exceso de agua abriendo una válvula. Lo mismo ocurre en nuestras vidas. Aquello de lo que estamos "llenos" automáticamente "se derramará de nosotros", ya sea que esté limpio o podrido.

Además, si el agua de un lago no tiene por dónde entrar o salir, se estanca y se seca. Esto también es verdad en nuestra fe Cristiana. ¡Si no permitimos que el Espíritu Santo llene nuestras vidas, y tampoco compartimos lo que hemos recibido mediante el servicio hacia los demás, nos volveremos opacos, grises y malolientes!

Y justo como un manzano no puede producir higos, un Cristiano genuino no puede vivir su vida absorbido en sí mismo. Ambos casos son mutuamente exclusivos, lo que significa que solo una parte puede ocurrir. O sirves a Jesús o te sirves a ti mismo (Mateo 12:30).

Si el Cristiano vive la mayor parte de su vida exaltándose y satisfaciendo sus propias necesidades y caprichos, es *indispensable* que regrese a la Cruz, se arrepienta y vuelva a dirigir su mirada hacia el Señorío de Cristo, sometiéndose de nuevo a Su plan (Romanos 12:1-2).

¿Cómo puedo convertirme en un sirviente real?

Irónicamente, solo cuando nos sometemos y nos rendimos a Dios podemos encontrar *verdadera* felicidad y alegría *pura* (Mateo 16:24-26; 2 Corintios 3:17; Filipenses 2:17). Al igual que muchos otros principios de la Biblia, esto no parece tener sentido humano. "Para ser el primero, hay que ser el último". "Dar es mejor que recibir". "Hay que «morir» para vivir". "Para recibir, hay que dar". Pero las ideas y los caminos de Dios son mucho más altos que los nuestros, y ya que Él nos creó, Él sabe que encontraremos verdadera plenitud si vivimos de acuerdo con Sus lineamientos.

Sin embargo, como ya hemos leído, debemos tener humildad para ser buenos y fieles servidores. ¡Todos hemos conocido a alguien que está en un "rol de servidor", pero que claramente no sirve con disposición ni atención! Es necesario que adoptemos una actitud humilde en nuestra relación con Dios. Si no tenemos un espíritu de humildad, no podremos darle a Dios Su lugar merecido en el trono de nuestras vidas. Lucharemos para permanecer en control, y esta posición es opuesta a la de un sirviente. Nunca podremos servir si nuestra única motivación es *que nos sirvan a nosotros*.

¿Cuáles son algunas maneras prácticas de servir a Dios y a los demás?

1. La Biblia dice que la gente de Dios constituye un "Reino de sacerdotes y una nación santa". Esto aplica por igual para los israelíes del Viejo Testamento y para los Cristianos del Nuevo Testamento (Éxodo 19:5-6; 1 Pedro 2:5-10). Una de las principales

responsabilidades de los sacerdotes era dirigir a la gente hacia una relación más cercana con Dios.

Debemos estar atentos a las oportunidades para hacer esto. Quizá podamos comprarle a alguien una comida y aprovechar para contarle de Jesús. O ayudar a alguien a podar el césped... ¡y contarle de Jesús! Todas nuestras iniciativas deben estar basadas en el Evangelio, pues de lo contrario, no serán más que esfuerzos humanitarios, y ya existen muchas organizaciones dedicadas a eso.

2. Como dice la Escritura anterior en Pedro, podemos ofrecerle "sacrificios espirituales a Dios". Esto significa alabarlo directamente y manifestarles a los demás nuestra adoración por Él en voz alta. Yo, en conversaciones casuales, e incluso con gente que no conozco, suelo decir cosas como: "¿No es maravilloso cómo Dios creó este hermoso día?". Tan solo mencionar el nombre de Dios o Su maravillosa creatividad puede llevar a los demás a pensar en Él.

3. La Escritura de Pedro también dice que podemos mostrarle a la gente la bondad de Dios, ya sea sonriéndole a alguien más, ayudando a aquellos que son menos capaces o afortunados, ofreciendo palabras de aliento o visitando a alguien que está encarcelado, entre un sinfín de otros actos.

Solo recuerda: eres el representante de Cristo en dondequiera que estés. Hacer cosas en Su nombre (es decir, con la intención de compartir sobre Él) es tu primera prioridad. Hay un capítulo en este libro titulado "Compartiendo nuestra fe" en el que entraremos más en detalle sobre cómo hacer esto.

4. Puedes dirigir un estudio de Biblia con la gente que no sepa tanto sobre el Señor.

5. Puedes orar para que el Señor te revele lo que quiere que hagas. Pídele que te dé oportunidades para compartir de Él con otras personas y para que ponga en tu camino a la gente que quiere que impactes. ¡Él responderá a tus oraciones si se lo pides de corazón!

¿Estás listo?

Jesús frecuentemente nos dice que no solo necesitamos servir, sino también estar listos en todo momento para Su venida. Parte de nuestro servicio hacia Él consiste en esperar ansiosamente Su venida y en estar listos para ella. Su parábola en Mateo 25:1-13 sobre las 10 damas de honor ilustra esta verdad. El "aceite" en esta historia representa al Espíritu Santo, que es quien nos dirige, nos empodera y nos da la capacidad de estar "listos".

Estar listos significa servir a Dios entregando nuestras vidas a Sus propósitos. Esta historia es una fuerte advertencia para el Cristiano. El *proceso* de servir a Dios es lo que nos arma y nos prepara para enfrentar cualquier cosa. Yo siempre digo: "Lo que sea que estés haciendo en este momento es lo que estarás haciendo cuando tus «sueños» se vuelvan realidad, o cuando azote la tragedia".

La historia subsiguiente en Mateo 25:14-30 sobre los siervos describe el mismo principio: ¡DEBES ESTAR LISTO! No podremos tomar decisiones de último momento cuando Jesús venga por Su Novia en el Rapto. Es como un árbol frutal que ha sido descuidado. No podemos simplemente echarle fertilizante y regarlo cuando ya está marchito con la esperanza de que reviva. Restaurarle su salud es algo que tomará tiempo y esfuerzo.

La *fertilización y el riego constante* son lo que hace que el árbol luzca bien, que sea agradable sentarse debajo de él y que tenga la salud suficiente para producir fruto. ¡Pido a Dios que nosotros, como seguidores de Jesús, seamos agradables a las multitudes de almas perdidas con las que nos encontremos, y que nos convirtamos en el exquisito fruto que los acercará a nuestro amado Salvador!

CAPÍTULO 7
LA SERVIDUMBRE
REFLEXIÓN

1. ¿Te describirías como alguien egoísta o como un servidor?

   ____

   ____

2. ¿Dirías que te enfocas más en las "cosas de este mundo" (por ejemplo: ropa, dinero, escuela, trabajo, tecnología, etc...) que en las cosas espirituales?

   ____

   ____

3. ¿Te incomoda la palabra "sirviente"? ¿Por qué?

   ____

   ____

   ____

4. La Biblia dice que para formar parte del Reino de Dios, debemos convertirnos en sirvientes. ¿Crees que esto es cierto?

   ____

   ____

   ¿Estarías dispuesto a convertirte más en un sirviente de lo que eres ahora?

   ____

   ____

5. **Escribe una cosa que puedes hacer para enfocarte más en Dios.**

____

____

6. **Escribe una cosa que puedes hacer para enfocarte más en las necesidades de los demás.**

____

____

LOS DONES ESPIRITUALES

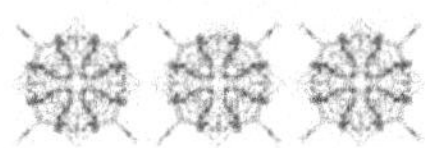

Si ya llevas algo de tiempo siendo Cristiano, probablemente hayas escuchado sobre los "dones espirituales", pero quizá no sepas bien lo que son ni cuáles te corresponden. También podrías estar preguntándote cómo usar los dones con los que cuentas.

Dios le da a cada creyente sus propios dones espirituales cuando recibe la salvación; cuando se convierte en una parte de Su Cuerpo, la Iglesia (1 Corintios 12:5-11; Efesios 4:11-13). Estos dones deben usarse para glorificar y bendecir a Dios. También se usan particularmente para servir a otros creyentes. Sin embargo, también son útiles para ayudar a quienes no siguen a Jesús.

El servicio a nuestro Maestro tiene varias facetas. Si servimos *intencionalmente* a Dios sirviendo a los demás, demostramos nuestro amor por Él (Juan 14:15, 21, 23-24; Juan 15:10, 13-14, 17). Dios nos designó a cada uno de nosotros, como creyentes Suyos, una habilidad especial para servirle a Él y a los demás.

Desafortunadamente, algunas iglesias no hablan abiertamente sobre los dones espirituales, y tampoco los exploran ni los usan conscientemente. Otras iglesias abusan de ellos al excluir o menospreciar a quienes no usan o no creen en algunos dones, como el de hablar en lenguas o el de sanación.

El propósito de los dones es fomentar la unidad, no la división. Se les dan a los Cristianos para que se desarrollen y se alienten los unos a los otros. Por lo tanto, si se usan para distanciar, confundir o desestimar a los demás, no están usándose correctamente.

Y solo porque una iglesia se sienta incómoda con la sanación o con el don de lenguas no significa que no esté sirviendo apropiadamente al Señor. Asimismo, si una iglesia *utiliza* los dones más "inusuales", ¡tampoco significa que no sean Cristianos! Sin embargo, los dones *deben* explorarse y usarse hasta cierto grado en cada iglesia.

Por otra parte, hay algunas personas que creen que los dones espirituales ya no están en operación. Ellos afirman que solo se usaban en los inicios de la Iglesia del Nuevo Testamento y que, por lo tanto, no aplican para los Cristianos hoy en día.

Sin embargo, los dones espirituales son herramientas extremadamente importantes y esenciales que Dios les da a los creyentes para servir al Cuerpo de Cristo y para evangelizar a quienes no son salvos. Este capítulo explicará brevemente cuáles son algunos de los dones y cómo debemos usarlos.

- Antes de que comencemos, deberás completar el Inventario de Dones Espirituales que está al final de este capítulo. Por favor llénalo ahora y registra tus respuestas antes de continuar leyendo.

Dones Espirituales: ¿Del Viejo Testamento?

Los dones espirituales no se mencionan específicamente en el Viejo Testamento como en el Nuevo Testamento. A decir verdad, el pueblo de Dios siempre ha contado con dones espirituales, pero solo se mencionan explícitamente en el Nuevo Testamento. Los dones espirituales son otorgados a los creyentes por el Espíritu de Dios, que es Cocreador, Eterno y Preexistente.

Esto significa que Él no fue creado. Al igual que Jesús y el Padre, Él existía desde *antes* de que todo fuera creado, y Él también es completamente Dios. El Espíritu Santo estaba divinamente activo en las vidas humanas desde el Viejo Testamento para propósitos, eventos, individuos y periodos de tiempo muy específicos.

El Espíritu de Dios llegó a vivir en *todos* los creyentes solo hasta después de la ascensión de Jesús (Juan 14:15-17). Curiosamente, Jesús dice en este pasaje que el Espíritu Santo está *con ellos* en ese momento (cuando Jesús estaba vivo en la Tierra, antes de Su ascensión), pero que estará *en ellos* después de que Él se vaya.

Creo que la razón por la que los dones espirituales no estaban activos en cada creyente hasta el Nuevo Testamento es que el Espíritu Santo aún no habitaba en la gente, y Sus dones no fueron derramados sobre los seguidores de Cristo hasta el día de Pentecostés (Hechos 2:32-33; 1 Corintios 6:19-20).

Asimismo, la Biblia dice que la responsable de edificar, sostener, promover y madurar los dones es la **Iglesia**, y la Iglesia no existió sino hasta después de que Jesús se fue de la Tierra (Juan 16:7). De hecho, ¡la primera vez que se menciona la palabra "iglesia" en toda la Biblia es en Mateo 16:18!

Esto no significa que el pueblo de Dios en el Viejo Testamento no estuviera "influenciado" o empoderado por el Espíritu, pues la Biblia claramente afirma que **todas** las Escrituras estuvieron inspiradas en Él (2 Timoteo 3:16-17; 2 Pedro 1:20-21). Cada uno de los escritores bíblicos fue dirigido por el Espíritu. Y, por supuesto, muchas otras personas fueron "influenciadas" por el Espíritu en el Viejo Testamento (Éxodo 35:31; 2 Crónicas 24:20, para señalar un par de ejemplos). Además, Dios les regaló habilidades especiales a todos ellos.

Significado de la palabra "don"

Es interesante ver que la palabra "don" en relación con los dones espirituales es una palabra distinta a la que se usa en el griego para "regalo". Se trata de la palabra "carisma", que todos interpretamos en español como "cualidad de alguien que atrae a la gente; que tiene encanto, simpatía o magnetismo". Pero en el griego original, significa "gratificación divina" o "investidura espiritual". Los dones espirituales son, en efecto, atributos divinamente investidos y colmados de propósito que se le dan al Cristiano genuino.

La palabra "carisma" también significa "salvación del peligro" o "pasión", ¡lo que fácilmente vemos como un resultado positivo en nuestras vidas cuando vivimos en el Espíritu y usamos nuestros dones espirituales! ¡A Satanás NO le gusta cuando trabajamos en el poder del Espíritu Santo y cumplimos con los propósitos del Reino de Dios! Suele haber un elemento de protección cuando trabajamos con nuestros dones.

Aunque los dones espirituales son una herramienta para la Iglesia, se derraman naturalmente en nuestro ministerio con los perdidos. Por ejemplo: el don de la Generosidad, de la Hospitalidad o de la Enseñanza definitivamente puede ser de gran ayuda para acercar a quienes buscan a Dios al Cuerpo de Cristo.

Un don espiritual es el principal medio mediante el cual el Espíritu Santo ministra *a través* del creyente. Es una capacidad sobrenatural de servicio a Dios, y Él nos da un enorme deseo de cumplir con los deberes de tal don. ¡Los dones son una fuente de alegría en la vida Cristiana! Son un llamado divino con una responsabilidad divina, pues lo que Dios te dio la habilidad de hacer es lo que espera que hagas, y lo que espera que hagas es lo que tienes la habilidad de hacer (Hebreos 13:20-21).

Dones espirituales vs. talento

Los dones espirituales difieren de nuestros "talentos". Los talentos también nos los da Dios, pues todos los humanos estamos hechos a la imagen de Dios, sin importar si somos ateos o verdaderos creyentes. No tienes que creer en Dios para tener "talento". Pero los talentos se relacionan más con nuestras tendencias naturales; con aquello en lo que somos buenos como "humanos".

Incluso podríamos descubrir que nuestros talentos y nuestros dones espirituales son similares. Por ejemplo, podríamos tener el talento de apoyar a los demás incluso antes de ser salvos. Después de la salvación, el Espíritu podría darnos el don de "Abogado Defensor" (que es similar a quien apoya a los demás).

La diferencia es que nuestro don espiritual es una dosis extra de poder en esta área, y se nos da específicamente para que la Iglesia pueda madurar y volverse más plena (Efesios 4:11-13). Pero recuerda que la Iglesia no se construye solo para su propia edificación, sino para derramarse hacia el mundo, convirtiéndose en un faro de luz y esperanza para los perdidos.

Además, los dones espirituales *dependen del Espíritu, no del poder humano*. Incluso si tu iglesia no necesariamente "opera" en los dones (en el sentido de que no enseña sobre ellos ni delega responsabilidades de acuerdo con los dones de cada quien), tú eres responsable ante el Señor de usar los dones que te ha dado. Ten en cuenta que los dones espirituales *siempre* involucran gente, y siempre involucran acciones para ayudar a los demás.

La mejor manera de demostrar que tus dones (o tu don) son genuinos es: 1. Disfrutas usar tu don; no te parece una carga, y: 2. Otras personas en el Cuerpo de Cristo confirman que sus vidas se enriquecen a medida que usas tu don. Esencialmente, la confirmación de tus dones vendrá de la Iglesia. El resultado final de nuestros dones debería ser una evidente bendición para los demás.

Solo una advertencia: los dones ciertamente pueden distorsionarse y utilizarse indebidamente, principalmente a causa de nuestra naturaleza pecadora. Por ejemplo, con los dones "extrovertidos" (Pastor, Maestro, Líder, Evangelista), el orgullo y la autosuficiencia pueden convertirse en verdaderos obstáculos. Cuando la gente recibe elogios frecuentes por su don, pueden terminar apropiándose del crédito que solo Dios merece.

Con los dones potencialmente "introvertidos" (Servicio, Bondad, Dador), uno podría sacrificarse demasiado, al grado en que sea nocivo, en un intento por sentirse valioso o incluido. Ser un mártir por uno mismo nunca es algo bueno. Estas personas también tienden a dejar que se aprovechen de ellas porque les encanta servir.

Desde luego, esto no significa que solo las personas con estos dones en particular experimenten estos problemas. Pero si estos son tus dones, solo ten en cuenta las potenciales dificultades. Por esto es tan importante continuar creciendo personalmente en Cristo, de modo que cuando usemos nuestros dones, realmente los usemos por los demás, sean un sano beneficio para nosotros y glorifiquen a Dios.

¡Aprender a identificar y utilizar nuestros dones es divertido! Sin embargo, como cualquier nueva habilidad, debemos experimentar con ellos y usarlos frecuentemente para dominarlos. Conforme uses tus dones, verás cómo dirigen tu servicio al Señor de manera más productiva y placentera.

Otra vez, el propósito de los dones *siempre* es ayudar a los demás, y Cristo tiene que ser la principal motivación para usarlos. Sobre todo, son para la gloria **de Dios**, no para cumplir con nuestros propios cometidos.

<u>Entonces, ¿cuáles son los dones?</u>

Hay varios pasajes en las Escrituras que enlistan los dones. Los eruditos difieren en cuanto a la cantidad de dones que se enlistan en la Biblia, pero repasaremos algunos de los más específicos que se mencionan en las siguientes Escrituras. Ya hemos leído Efesios 4:11-13.

Ahora, leamos también Romanos 12:3-8, 1 Corintios,
Capítulos 12 y 14; y 1 Pedro 4:7-11.

Me gustaría mencionar algo: incluso si no cuentas con un don en particular, habrá momentos en los que serás responsable de transitar por ese camino. Por ejemplo, quizá no hayas recibido el *don* de "Dador Generoso", pero eso no significa que *no debas ser* un dador generoso. Asimismo, tal vez no tengas el *don* de Servidor, pero no significa que no debas servir a los demás regularmente.

Por otro lado, hay algunos dones que solo *deben* usarse por quienes los poseen, como los de Maestro, Líder y Pastor. Cuando la gente intenta usar este tipo de dones, aunque Dios no se los haya dado, puede ser un desastre.

Todos hemos sido "dirigidos" por alguien que *cree* que es un buen jefe, líder o pastor (y que en realidad no lo es); o hemos sido instruidos por alguien que *cree* que enseña bien (pero que en realidad enseña mal)... Sabremos si estas personas realmente tienen un don o no con base en los resultados de sus labores.

Dones específicos

Esta sección es simplemente un resumen de los dones. Hay muchos libros y sitios web muy buenos para estudiarlos a profundidad. No he enlistado todos, pero para propósitos de discusión, aquí hay algunos:

Profecía: Este *puede* ser el don para predecir el futuro, y era común entre los profetas del Viejo Testamento. Gran parte de las profecías futuras de las que leemos en el Viejo Testamento eran grabadas porque la mayoría de las Escrituras aún no habían sido escritas.

También se usaba para validar el mensaje de Dios a Su pueblo. Por supuesto, solo Dios sabe lo que sucederá en el futuro. Así que Él les decía a los profetas lo que iba a ocurrir, y cuando los eventos sucedían, la fe de la gente se fortalecía, y los no creyentes acudían al Señor. Creo que los profetas que predicen el futuro aún existen, aunque son raros (Jeremías 28:9).

Sin embargo, la definición más común —y ciertamente la más favorable— del don de Profecía es "la habilidad de explicar las Escrituras de modo que quien escuche pueda comprenderlas". Aquellos con este don también fortalecen, alientan y reconfortan a otros creyentes con su mensaje (o su enseñanza) (1 Corintios 14:3).

Servicio: Aquellos con este don tienen una pasión inusual por servir a los demás, y frecuentemente hacen grandes sacrificios para lograrlo. Les gusta "estar detrás de escenas" y no quieren llamar la atención. Otra vez, todos somos responsables de servir a los demás, pero quienes poseen este don sirven con el máximo placer, y ¡los resultados son extraordinarios!

Enseñanza: El nombre de este don se explica por sí solo. Para saber si es efectivo, sin embargo, hay que monitorear el crecimiento de aquellos a quienes se les enseña. Si realmente tienes este don, la gente no solo se interesará cuando les enseñes, sino que tus enseñanzas también los motivarán a entrar en acción.

Exhortación: Esto significa "instar", o "hacer que los demás entren en acción". El término proviene de la palabra griega *paracletos*, que significa "llamar a alguien o a algo a tu lado" o "ir al lado de". Es un símbolo de alguien que camina al lado tuyo, ayudándote, motivándote, manteniéndote por buen camino y asistiéndote si te tropiezas. De hecho, al Espíritu Santo se le conoce como "El Paráclito", pues Él es nuestro Consolador, Alentador y Consejero (Juan 14:16; 15:26).

Liderazgo: Este título podrá parecer obvio, pero requiere una breve explicación. Antes que nada, los verdaderos líderes en la Iglesia son nombrados por el Señor, no son autodesignados (1 Corintios 1:1). El líder es alguien que dirige mediante el ejemplo y que está dispuesto a ser un sirviente para aquellos a quienes sirve (Mateo 20:25-28). Esto no significa que deba "ponerse de tapete". Esta clase de líderes tienen un carácter muy fuerte y merecen respeto, pero su motivación será la de un servidor dispuesto. Nuestro Señor era el ejemplo perfecto de esta actitud de Sirviente-Líder.

Si te encuentras con un "líder" que en realidad no posee este don, será alguien arrogante, orgulloso, duro y crítico que cree que "las cosas se hacen a su manera". Será incapaz de aceptar críticas o instrucciones.

Bondad: Todos somos llamados a ser bondadosos (Gálatas 5:22; Efesios 4:30-32). ¡La palabra utilizada aquí es *chrestos*, que significa "útil"! Somos más útiles para Dios cuando somos bondadosos. Me recuerda al viejo dicho que dice: "Es más fácil atrapar moscas con miel que con vinagre".

También significa "tener misericordia". La *misericordia* consiste en no darle su merecido a la gente, y es así como Dios nos trata abundantemente. Por lo tanto, debemos usarla en abundancia con los demás. Curiosamente, la palabra del lenguaje hebreo para "bondad" se usa a menudo para describir el valor de las piedras preciosas.

Pastoreo: La palabra griega *poimen* significa pastor, pero se refiere más al DON de Pastoreo que a la POSICIÓN de un pastor. Aunque un buen pastor debe tener el don de Pastoreo, no necesariamente todos los que tienen el don de Pastoreo son pastores. Los poseedores de este don se caracterizan por atraer naturalmente a quienes buscan consejería y orientación espiritual.

Dador Generoso: A primera impresión, la palabra "dar" suele hacernos pensar en *dinero*. Pero los poseedores del don de Dador Generoso tienen una habilidad inusual para ver las necesidades de los demás y para satisfacerlas. Esto puede referirse a necesidades físicas, mentales, emocionales, espirituales y financieras. Este creyente obtiene una dosis extra de alegría al atender a la gente y ayudarla a ser más plena.

Dador de Consejos Sabios: Esto aplica a la sabiduría bíblica. La palabra "sabiduría" viene de la palabra griega *sophia*. No solo es la habilidad de vivir en santidad, sino también de poder mostrarles a los demás cómo aplicar las verdades de las Escrituras en sus vidas, y de explicarlo de modo que tenga sentido para quien lo escucha. La sabiduría se trata de *poner en práctica* lo que has aprendido (conocimiento) de la Biblia y del Espíritu de Dios.

Conocimiento Especial: Esta es la habilidad que Dios otorga para comprender el profundo significado de la Biblia. Quien posee este don comparte su conocimiento bíblico con los demás. También es una forma de discernimiento, que consiste en poder "analizar" asuntos espirituales sin tener ninguna prueba realmente.

Fe: Todos tenemos fe. ¡Si no fuera así, no seríamos Cristianos! Pero algunas personas reciben una ración extraordinaria de fe, y el propósito de este don es estimular a otros creyentes en *su* potencial para creer que Dios es quien dice ser y que recompensa a quienes lo buscan (Hebreos 11:6). Esta persona tiene la habilidad de incrementar la fe de los demás.

Sanación: Parece ser que hay menos sanación "física" hoy en día, particularmente en las naciones más industrializadas. Creo que parte de esto se debe a que la sanación es algo muy sensacionalista, y la gente tiende bastante a alabar a la persona que lleva a cabo la sanación en lugar de al mismísimo Gran Médico, Jesucristo.

También creo que la sanación es mucho más común en países de tercer mundo porque mucha gente nunca ha escuchado del Evangelio, y los milagros demuestran el poder y la existencia de Dios. La gente en estas culturas también tiene una abundante fe que no ha sido manchada por haber rechazado repetidamente el mensaje de Dios.

Se han realizado estudios que demuestran que las personas más escolarizadas y con mayores ingresos no solo *creen* menos en la sanación, sino que también la *experimentan* con menos frecuencia (Barna, *Most Americans Believe in Supernatural Healing* – 2016).

Realización de Milagros: ¡Dios es un Dios milagroso! Él no cambia, así que sé que continúa realizando milagros alrededor del mundo a diario. Pero al igual que la sanación, los verdaderos milagros (eventos que no pueden explicarse con métodos o esfuerzos humanos) parecen ocurrir con mayor frecuencia entre quienes creen que existen. Asimismo, los milagros a menudo se manifiestan como acontecimientos inusualmente sincronizados.

También parece ser que los Cristianos que viven en países donde son gravemente perseguidos por su fe atestiguan más milagros (incluyendo sanaciones físicas) que en países más liberales, como Estados Unidos. Se sabe, por ejemplo, que la Iglesia clandestina en Irán es la Iglesia que más rápido está creciendo en el mundo actualmente, y gran parte de ello se debe a las "visitas" que le hace Jesús a la gente en visiones y sueños.

Discernimiento: El discernimiento es la habilidad de diferenciar entre el bien y el mal, así como de sentir cuando algo "anda mal", como cuando existe peligro sin alguna señal razonable. Dado que tenemos al Espíritu Santo viviendo dentro de nosotros, todos los creyentes tenemos discernimiento hasta cierto punto. Y mientras más conozcamos a Dios y a Su Palabra, más discernimiento desarrollaremos (Hebreos 5:11-14).

Sin embargo, Dios sí les da el "don" del Discernimiento a algunas personas (1 Corintios 12:10). Como mencioné anteriormente, se trata de una ración extra de discernimiento, que consiste en la habilidad inusual para ver en lo profundo de las situaciones *espirituales* que normalmente no serían aparentes. Los Cristianos con este don son excelentes consejeros.

Lenguas/Interpretación de Lenguas: Este don es uno de los que más se malinterpretan y abusan. El don de Lenguas se usaba en el libro de Hechos para validar la autoridad espiritual de los Apóstoles (1 Corintios 14:22). Esta habla en lenguas no era simplemente "palabrería", como usualmente se cree hoy en día. Literalmente consistía en hablar en otros idiomas para que los grupos presentes pudieran entender sus propios lenguajes (Hechos 2:4). ¡Era un milagro real, y convencía a la gente de que el poder de Dios estaba presente en Sus seguidores!

Hoy en día, el don de Lenguas se usa (o debería usarse) principalmente entre un creyente y el Señor (1 Corintios 14:2). Nos sirve como un medio de comunicación más profunda en nuestra relación con Él. No todos tienen el don de Lenguas (1 Corintios 12:30). Sin embargo, existen algunas iglesias que se enfocan excesivamente en este don y que excluyen a quienes no hablan en lenguas. ¡Incluso llegan a afirmar que quienes no hablan en lenguas no son Cristianos! Esto definitivamente no es bíblico.

También podría ser que alguno de los miembros de una congregación comience a hablar en lenguas, pero hay dos requisitos para determinar si esto proviene del Señor. Primero, tiene que estar presente un intérprete; es decir, alguien a quien Dios le haya dado la habilidad de entender y traducirle a la iglesia lo que se dijo (1 Corintios 14:5, 13 y 26). Después, debe hacerse de manera ordenada (1 Corintios 14:29).

Yo no estoy de acuerdo con las iglesias que permiten que la gente deambule por ahí pronunciando palabrerías incomprensibles en voz alta. ¡Esto no crea un ambiente de unidad ni de amor, y frecuentemente provoca que la gente se sienta incómoda o mal recibida, lo cual es contraproducente!

He estado en varios servicios así, y el Espíritu Santo no parecía estar por ningún lado. Creo que cuando un servicio o una reunión en el nombre de Cristo es tan perturbadora que no puedes enfocarte en el Señor, hay un problema.

Entiendo que algunas personas estarán en desacuerdo con mi opinión. Debemos tratarnos los unos a los otros con amor y respeto, sin importar nuestras diferencias. Simplemente estoy manifestando lo que siento que he aprendido de las Escrituras y lo que he visto en persona.

Y, por supuesto, esto no significa que no sea bueno hablar en lenguas. Simplemente debe hacerse de manera divina para que quienes posean el don puedan sacarle el máximo provecho (al igual que quienes lo escuchan, si es adecuado) y para que Dios reciba la máxima gloria.

Ayudante: Este es el don de alguien que está dispuesto a ayudar a los demás sin recibir demasiada atención, o incluso gratitud, por su don. Ellos usualmente prefieren servir detrás de escenas, y experimentan gran alegría cuando los demás reciben el aplauso o el crédito. Son gente única y especial.

Evangelista: Esta es la persona que puede hablarle a quien sea (y realmente me refiero a QUIEN SEA ☺) sobre Jesús. Pero no solo son capaces de hablar sobre el Señor, sino que también tienen el don de explicar principios espirituales de modo que la gente los entienda fácilmente. Asimismo, pueden provocar que otras personas deseen obtener la salvación mediante una relación con Jesús.

Poder presentar el Evangelio sin ser molesto o incómodo, y al mismo tiempo ser lo suficientemente tenaz como para compartir la verdad con los demás, realmente es un don. Además, TODOS los Cristianos tenemos la obligación de compartir nuestra fe, hasta cierto punto, con la gente dentro de nuestros ámbitos de influencia. Y no, un seguidor de Cristo no puede escaparse de esto con la clásica excusa: "¡Pues yo no soy un evangelista!".

Resumen

Recuerda: Dios nos dio nuestros dones cuando recibimos la salvación. Ya tenemos todo lo que necesitamos para servirle (1 Corintios 1:4-9). Nuestra responsabilidad es explorar y probar para averiguar cuáles dones tenemos. Después, debemos usarlos con toda la energía y la fuerza que Dios nos proporciona. Como ya mencioné, sabremos que verdaderamente estamos poniendo en práctica nuestros dones si amamos usarlos, si impactamos positivamente a la gente Y si le traen gloria a Dios.

Pido a Dios que en este estudio hayas profundizado tu comprensión sobre lo que es usar los maravillosos dones que Él te ha dado. ¡Espero que estés más consciente de tus dones y que te entusiasme comenzar a descubrir cuál es el papel que Dios tiene para ti en el Cuerpo de Cristo!

CAPÍTULO 8
LOS DONES ESPIRITUALES
REFLEXIÓN

1. **¿Por qué Dios le dio los dones espirituales a la Iglesia?**

____

____

____

2. **¿Cuál es tu don principal de acuerdo con el Inventario de Dones Espirituales? Si tienes más de un don de acuerdo con el número más alto, enlístalo también.**

____

____

____

____

____

3. **Conociendo tu don, ¿estás dispuesto a descubrir cómo usarlo?**

____

____

4. **¿Qué pasos puedes tomar para comenzar a usar tu don?**

____

____

____

____

Por favor toma en cuenta que para trabajar con este Inventario de Dones Espirituales, tienes que pedirle a Jesús que entre en tu corazón y en tu vida, y tener al Espíritu Santo en tu interior. De lo contrario, este cuestionario no significará nada. Esto se debe a que quienes no son Cristianos no han recibido dones espirituales.

ENCUESTA DE DONES ESPIRITUALES

<u>INSTRUCCIONES</u>

Este no es un examen, así que no hay respuestas erróneas. La ***Encuesta de dones espirituales*** consta de 80 afirmaciones. Algunas reflejan acciones concretas; otras se refieren a rasgos descriptivos, y otras más son declaraciones de fe.

- Elige la respuesta que mejor sientas que te caracteriza y escribe ese número en el espacio en blanco junto a cada afirmación.
- No te atores demasiado en alguna afirmación. Recuerda: no es un examen. Tu respuesta inmediata probablemente sea la mejor.
- Por favor escribe una respuesta para cada afirmación. No te saltes ninguna.
- Evita preguntarles a los demás qué están contestando o qué creen que deberías contestar.
- Trabaja a tu propio ritmo.

Estas son tus posibles respuestas:
5—Altamente característico de mí/definitivamente aplica para mí.
4—Esto me describe o aplica para mí la mayoría de las veces.
3—Frecuentemente característico de mí, aprox. el 50% de las veces.
2—Ocasionalmente característico de mí, aprox. el 25% de las veces.
1—No es nada característico de mí/definitivamente no aplica para mí.

____ 1. Tengo la habilidad de organizar ideas, recursos, tiempo y personas de manera eficiente.

____ 2. Estoy dispuesto a estudiar y a prepararme para la tarea de enseñar.

____ 3. Soy capaz de relacionar las verdades de Dios con situaciones específicas.

____ 4. Dios me dio la habilidad de ayudar a los demás a crecer en su fe.

____ 5. Poseo una habilidad especial para comunicar la verdad de la salvación.

____ 6. Tengo la habilidad de tomar decisiones críticas cuando es necesario.

____ 7. Soy sensible a los dolores de la gente.

____ 8. Experimento alegría al satisfacer necesidades de la gente compartiéndoles posesiones.

____ 9. Me gusta estudiar.

____ 10. He entregado el mensaje de advertencia y juicio de Dios.

____ 11. Soy capaz de sentir la verdadera motivación de las personas y de sus movimientos.

____ 12. Tengo una habilidad especial para confiar en Dios durante situaciones difíciles.

____ 13. Tengo un fuerte deseo por contribuir en la fundación de nuevas iglesias.

____ 14. Entro en acción para satisfacer necesidades físicas y prácticas en lugar de solo decir o planear que voy a ayudar.

____ 15. Me gusta entretener a los invitados en mi hogar.

____ 16. Puedo adaptar mi liderazgo a la madurez de quienes trabajan conmigo.

____ 17. Puedo delegar y asignar labores significativas.

____ 18. Tengo la habilidad y el anhelo para enseñar.

____ 19. Usualmente soy capaz de analizar situaciones correctamente.

____ 20. Tengo una tendencia natural a alentar a los demás.

____ 21. Estoy dispuesto a tomar la iniciativa para ayudar a otros Cristianos a crecer en su fe.

____ 22. Soy muy perceptivo ante las emociones de otras personas, tales como soledad, dolor, temor y enojo.

____ 23. Me alegra dar.

____ 24. Paso tiempo investigando hechos y datos.

____ 25. Siento que tengo un mensaje de Dios por difundir.

____ 26. Puedo reconocer cuando una persona es genuina/honesta.

____ 27. Soy una persona de visión (una imagen mental clara de un futuro preferible dada por Dios). Puedo comunicar la visión de manera que los demás se comprometan a volverla realidad.

____ 28. Estoy dispuesto a someterme a la voluntad de Dios sin cuestionarlo ni dudarlo.

____ 29. Me gustaría involucrarme más en llevar al Evangelio a la gente de otras tierras.

____ 30. Me alegra ayudar a las personas necesitadas.

____ 31. Suelo tener éxito al hacer que un grupo haga su trabajo alegremente.

____ 32. Soy capaz de hacer que los extraños se sientan cómodos.

____ 33. Tengo la habilidad de planear estrategias de aprendizaje.

____ 34. Puedo identificar a quienes necesitan motivación.

____ 35. He entrenado Cristianos para que sean discípulos más obedientes de Cristo.

____ 36. Estoy dispuesto a hacer lo que sea para ver que otros se acerquen a Cristo.

____ 37. Me siento atraído a la gente que sufre.

____ 38. Soy un dador generoso.

____ 39. Soy capaz de descubrir nuevas verdades.

____ 40. Tengo percepciones espirituales de las Escrituras con respecto a los problemas y las personas, y esto me obliga a alzar la voz.

____ 41. Puedo sentir cuando alguien actúa de acuerdo con la voluntad de Dios.

____ 42. Puedo confiar en Dios incluso cuando las cosas se ven oscuras.

____ 43. Puedo determinar adónde quiere Dios que vaya un grupo y ayudarlo a llegar allí.

____ 44. Tengo un fuerte deseo por llevar el Evangelio a lugares donde nunca lo han escuchado.

____ 45. Disfruto relacionarme con nuevas personas en mi iglesia y mi comunidad.

____ 46. Soy sensible a las necesidades de la gente.

____ 47. He sido capaz de crear planes efectivos y eficientes para cumplir las metas de un grupo.

____ 48. Los Cristianos a los que se les dificulta tomar una decisión difícil suelen acudir a mí.

____ 49. Pienso en cómo puedo reconfortar y alentar a los demás miembros de mi congregación.

____ 50. Soy capaz de orientar espiritualmente a los demás.

____ 51. Soy capaz de presentar el Evangelio a las almas perdidas de modo que acepten al Señor y a Su salvación.

____ 52. Poseo una habilidad inusual para comprender los sentimientos de quienes están sufriendo.

____ 53. Tengo un fuerte sentido de administración basado en el hecho de que Dios es el dueño de todas las cosas.

____ 54. He entregado mensajes que vienen directamente de Dios a otras personas.

____ 55. Puedo sentir cuando una persona actúa bajo el liderazgo de Dios.

____ 56. Procuro seguir la voluntad de Dios continuamente y estar disponible para Su uso.

____ 57. Siento que debería llevar el Evangelio a quienes tienen creencias distintas.

____ 58. Soy muy perceptivo a las necesidades físicas de los demás.

____ 59. Se me facilita explicar medidas de acción positivas y precisas.

____ 60. Me gusta encontrarme con los visitantes en la iglesia y hacerlos sentir bienvenidos.

____ 61. Mi manera de explicar las Escrituras hace que los demás las entiendan.

____ 62. Suelo encontrar soluciones espirituales para los problemas.

____ 63. Tomo las oportunidades para ayudar a quienes necesitan consuelo, motivación y consejería.

____ 64. Me siento cómodo compartiendo sobre Cristo con los no creyentes.

____ 65. Puedo influenciar a los demás para que alcancen el máximo potencial que Dios les dio.

____ 66. Reconozco las señales de estrés y angustia en los demás.

____ 67. Deseo dar generosamente y sin pretensiones a los proyectos y ministerios que valgan la pena.

____ 68. Puedo organizar hechos en patrones significativos.

___ 69. Dios me da mensajes para entregar a Su gente.

___ 70. Soy capaz de sentir si la gente está siendo honesta cuando habla de sus experiencias religiosas.

___ 71. Disfruto presentar el Evangelio a las personas de otras culturas y orígenes.

___ 72. Disfruto hacer cosas pequeñas que ayuden a la gente.

___ 73. Puedo dar una presentación clara y sin complicaciones.

___ 74. He sido capaz de aplicar verdades bíblicas a las necesidades específicas de mi iglesia.

___ 75. Dios me ha usado para alentar a los demás a que vivan como Cristo.

___ 76. He sentido la necesidad de ayudar a los demás a volverse más efectivos en sus ministerios.

___ 77. Me gusta hablar de Jesús con quienes no lo conocen.

___ 78. Tengo la habilidad de hacer que los extraños se sientan cómodos en mi hogar.

___ 79. Tengo una amplia variedad de recursos de estudio y sé cómo encontrar información.

___ 80. Me siento seguro de que una situación se inclinará en favor de la gloria de Dios incluso cuando parezca imposible.

PUNTAJE

Sigue estos lineamientos y averigua tu puntaje para cada don espiritual:

1. Coloca en cada línea a continuación tu respuesta numérica (1-5) para el número de afirmación que se indica.
2. Para cada don, suma los números en las líneas y coloca el total en la línea de TOTAL.
3. Las opciones con los números más altos son tus principales dones.

LIDERAZGO

Núm. 3 ____ Núm. 19 ____ Núm. 48 ____ Núm. 62 ____ Núm. 74 ____
TOTAL ____

ADMINISTRACIÓN

Núm. 1 ____ Núm. 17 ____ Núm. 31 ____ Núm. 47 ____ Núm. 59 ____
TOTAL ____

ENSEÑANZA
Núm. 2 ____ Núm. 18 ____ Núm. 33 ____ Núm. 61 ____ Núm. 73 ____
TOTAL ____

CONOCIMIENTO
Núm. 9 ____ Núm. 24 ____ Núm. 39 ____ Núm. 68 ____ Núm. 79 ____
TOTAL ____

SABIDURÍA
Núm. 3 ____ Núm. 19 ____ Núm. 48 ____ Núm. 62 ____ Núm. 74 ____
TOTAL ____

PROFECÍA
Núm. 10 ____ Núm. 25 ____ Núm. 40 ____ Núm. 54 ____ Núm. 69 ____
TOTAL ____

DISCERNIMIENTO
Núm. 11 ____ Núm. 26 ____ Núm. 41 ____ Núm. 55 ____ Núm. 70 ____
TOTAL ____

EXHORTACIÓN
Núm. 20 ____ Núm. 34 ____ Núm. 49 ____ Núm. 63 ____ Núm. 75 ____
TOTAL ____

PASTOREO
Núm. 4 ____ Núm. 21 ____ Núm. 35 ____ Núm. 50 ____ Núm. 76 ____
TOTAL ____

FE
Núm. 12 ____ Núm. 28 ____ Núm. 42 ____ Núm. 56 ____ Núm. 80 ____
TOTAL ____

EVANGELIZACIÓN
Núm. 5 ____ Núm. 36 ____ Núm. 51 ____ Núm. 64 ____ Núm. 77 ____
TOTAL ____

DISCIPULADO
Núm. 13 ____ Núm. 29 ____ Núm. 44 ____ Núm. 57 ____ Núm. 71 ____
TOTAL ____

SERVICIO/AYUDA
Núm. 14 ____ Núm. 30 ____ Núm. 46 ____ Núm. 58 ____ Núm. 72 ____
TOTAL ____

MISERICORDIA
Núm. 7 ____ Núm. 22 ____ Núm. 37 ____ Núm. 52 ____ Núm. 66 ____
TOTAL ____

DADOR
Núm. 8 ____ Núm. 23 ____ Núm. 38 ____ Núm. 53 ____ Núm. 67 ____
TOTAL ____

HOSPITALIDAD
Núm. 15 ____ Núm. 32 ____ Núm. 45 ____ Núm. 60 ____ Núm. 78 ____
TOTAL ____

COMPARTIENDO NUESTRA FE

El "boca a boca" ha demostrado ser una de las maneras más efectivas de la historia para influenciar a los demás. Una vez que alguien ha probado un gran producto o asistido a algún evento increíble, naturalmente le cuenta a los demás. Para la persona que estás intentando convencer, es mucho más significativo experimentar algo que leer sobre ello en un libro o una revista.

Aquello en lo que pensamos, lo que nos absorbe y lo que nos *apasiona* es lo que solemos compartir con los demás. Ya sea que nos consuma nuestro equipo deportivo, nuestros hijos, nuestras mascotas, nuestro auto, nuestro trabajo, nuestro dinero o cualquier otra cosa, será el punto central y la base de nuestras conversaciones.

Del mismo modo, si estamos vueltos locos por Dios, nuestras vidas se centrarán en Sus pensamientos y Sus planes. Bien lo dice Mateo 12:34: "*Pues lo que está en el corazón determina lo que uno dice*".

Atestiguar

Al escuchar la palabra "testigo", probablemente pensemos en gente que toca a nuestra puerta en momentos muy inconvenientes para citar un montón de Escrituras y reclamarnos sobre lo mal que estamos viviendo nuestras vidas. Pero Jesús tiene un enfoque totalmente distinto. Él quiere que vivamos nuestras vidas de modo que cuando abramos la boca para compartir nuestra fe, la gente no escuche enormes inconsistencias (Colosenses 4:5-6).

La palabra "atestiguar" significa "ver, observar, mirar o percibir". Se refiere a *lo que vemos* y a la acción de verbalizar *lo que hemos visto*. Piénsalo: ¿de qué sirve un "testigo" si no HABLA?

Otro punto interesante es que la traducción griega para "testigo" en el Nuevo Testamento es *martus*, que es de donde derivamos la palabra "mártir". Es bastante posible que el Señor supiera que seríamos rechazados por nuestra fe ☺. Aunque a ninguno de nosotros nos gusta que nos rechacen o nos marginen, el punto esencial es que si somos Cristianos genuinos, debemos obedecer a Dios, no temerle al hombre.

Compartir nuestra fe porque amamos a Jesús es una de las cosas *más importantes* que podemos hacer en nuestro caminar Cristiano. Impartir nuestra fe a los demás es un acto de alabanza. Demostramos nuestro amor hacia Dios cuando le contamos a la gente sobre lo hermoso que es Él y sobre el cambio tan increíble que Él ha hecho en nuestras vidas. También es un mandato del Señor que les compartamos a los demás de Él, pues somos Sus representantes en esta Tierra (2 Corintios 5:18-21; Gálatas 1:15-16a).

Marcos 8:35 explica que esencialmente obtenemos vida *real* cuando nos entregamos en beneficio del Señor y de las *Buenas Noticias*: el Evangelio. Una gran parte de servir a Dios consiste en compartirles a los demás sobre Jesús. Una de las maneras de hacer esto es viviendo una vida de santidad y exhibiendo cualidades encantadoras. ¡Esto hará que la gente se sienta atraída a *Jesús en nosotros* y que deseen lo mismo para sus vidas!

¡Hay demasiados Cristianos perdiéndose de la alegría y la emoción que implica contarles a los demás sobre nuestro Señor! Esto tiene el potencial de sacudir tu mundo y sacarte de tu zona de confort... ¡si lo permites!

El Señor *espera* que les contemos a los demás sobre lo que *hemos visto y experimentado en Él*. Las Escrituras mencionan una y otra vez, tanto en el Viejo Testamento como en el Nuevo, que hay que "hablarles a los demás sobre Dios" (Salmos 71:7-8; 14-16; 96:1-10). Una gran parte de nuestro servicio al Señor consiste en **verbalizar** por qué tenemos fe en Él para que los demás escuchen, y en estar disponibles para ministrar en nombre de Jesús cuando el Espíritu Santo nos lo indique (1 Pedro 3:15).

Tenemos una <u>deuda de amor por pagar</u> con nuestro Salvador. Y *ÉL* es el único que nos dice que compartir sobre Él con los demás es como Él quiere que lo amemos y le sirvamos (Juan 4:34-38). ¡Por difícil que te resulte compartir tu fe, es esencial para tu crecimiento, y también para el crecimiento el Reino de Dios!

Jesús nos dice que la cosecha está madura (Mateo 9:35-38). Esto significa que hay muchas personas que están listas para recibir el mensaje del Evangelio y comenzar una nueva vida en Cristo. ¡Pero alguien tiene que decirles! (Romanos 10:14-17). Hemos adoptado la mentalidad de "alguien más lo hará" o de "no estoy equipado o listo para compartir mi fe". Nos decimos: "Ellos sabrán que soy Cristiano por mi manera de actuar", y: "No quiero forzar mis creencias sobre los demás". Sin embargo, si somos honestos, admitiremos que estamos usando esto como una excusa porque realmente no *queremos* compartir nuestra fe.

Cuando nos llenamos del Espíritu Santo en la salvación, recibimos poder. Pero este no es un poder viejo... ¡Es el mismo poder que levantó a Jesús de entre los muertos! (Efesios 1:19-20). ¡Wow! Y una de las razones por las que recibimos este poder es *para que* **podamos** atestiguarles a los perdidos (Hechos 1:8; Efesios 3:7). Dios no solo está dándonos una sugerencia o insinuando una posibilidad. Él está *ordenándonos* que compartamos nuestra fe. La verdad es que *seremos* testigos de Él si lo amamos y tenemos al Espíritu Santo dentro de nosotros.

Solo piensa en el "fanático" de los deportes. Nos parece perfectamente normal que se despotrique y celebre por su equipo. No vemos ningún problema con que se vista con disfraces disparatados, gaste montones de dinero, conduzca a través del país para asistir a un juego y salte y grite cuando su equipo vaya ganando (¡o perdiendo!). Pero si un Cristiano se entusiasma por su fe o alza las manos en la iglesia, dicen que es extraño o que está loco. Vaya contradicción.

<u>Miedo</u>

Enfrentémoslo: el miedo probablemente sea la razón principal por la que no les hablamos a los demás sobre Jesús. Nos sentimos avergonzados, pues sentimos que la gente rechazará nuestro mensaje, y con esto esencialmente sentimos que están rechazándonos *a nosotros*. Pero Jesús deja claro que si lo rechazamos frente a los demás, Él nos rechazará frente a Su Padre y a los ángeles (Mateo 10:33; Marcos 8:38). Quizá nos dé miedo perder amigos, ser excluidos o lucir raros. Pero tenemos que preguntarnos: "¿Acaso mi temor por el hombre es más fuerte que mi amor por el Señor?".

El egoísmo es la raíz de nuestro miedo. Queremos preservar nuestra "reputación" o nuestro "renombre", o queremos protegernos de los ataques. Pero piénsalo: si hemos construido una reputación o un renombre que no está centrado en Jesús, entonces es un "ser falso".

Solo podemos ser auténticos cuando estamos con Cristo, pues así es cómo Él nos creó. El pecado es lo que nos despoja de esta realidad. Al intentar protegernos a nosotros mismos, estamos poniéndonos en el trono, porque Dios es nuestro protector. Si preservar o proteger nuestra reputación es la razón por la que no compartimos el Evangelio con los demás, entonces tenemos que pedirle a Dios el poder para superar este temor (Filipenses 1:20).

Por el otro lado, si realmente nos importan los demás, recordaremos que ellos estarán *eternamente perdidos* si no reciben la salvación. Podremos ver más allá de la dureza que aparentan y darnos cuenta de que, sin Jesús, son incapaces de cambiar y volverse como Cristo. Nuestros ojos espirituales se abrirán y reconoceremos que hay demasiadas personas en sufrimiento emocional, mental e interpersonal, así como en profunda esclavitud. Ellos necesitan oración, liberación y un Salvador amoroso. Necesitan a Jesús.

Corrección política

Otro problema es que la "corrección política" —el miedo a no decir algo por temor a que a la gente le parezca controversial— se ha infiltrado no solo en nuestra cultura, sino también en la Iglesia. ¡Cerramos nuestras bocas para no compartir la verdad porque, Dios no lo quiera, podríamos ofender a alguien! Pero yo nunca he visto que Dios trate de evite sonar controversial al compartir Su verdad con Sus discípulos, con los pecadores o con los creyentes dudosos de su fe, así que yo tampoco lo haré.

Ahora, esto no significa que debamos ir por ahí azotándole la Biblia en la cabeza a la gente ni regañándola por su naturaleza pecadora. Lo que sí significa es que debemos "hablar de la verdad CON AMOR" (Efesios 4:15). Nuestra motivación debe ser amorosa y pura porque realmente nos importa que conozcan a Dios, o que regresen a Dios. Debemos ser gentiles y amables al compartir.

¡Quedarnos callados cuando no tenemos nada positivo que decir es todo un arte! Pero ser políticamente correctos es lo mismo que mentirnos a nosotros mismos y a los demás, y la adulación suele ser la culpable. La adulación consiste en ser deshonestos para obtener aprobación o aceptación. Se trata de una conducta falsa, y perderemos nuestro compás moral si continuamos comportándonos así con los demás (Juan 7:16-18).

Dios es claro en Su Palabra: es responsabilidad —y **privilegio**— de cada Cristiano transmitir el mensaje del Evangelio hacia las vidas de otras personas. Aunque es cierto que debemos ser ejemplos *vivos* de santidad, fidelidad y honestidad, la Biblia explícitamente nos instruye a *verbalizar* nuestra fe. Aunque ninguno de nosotros es perfecto o libre de pecado, el Señor nos utiliza para ofrecer salvación a quienes se irán al infierno sin Él.

En Hechos 22:14-16 encontramos el significado del Evangelio resumido en pocas palabras. Me tomaré la libertad de invertir el orden de esta Escritura para aclarar mi punto:

Versículo 16:
Invoca el nombre del Señor.
Queda limpio de tus pecados.
Levántate y bautízate.

Versículo 15:
Sé Su testigo, cuéntales a todos lo que has visto y oído.

Versículo 14:
Dios nos ha escogido para conocer Su voluntad, que significa:
Arrepentirnos.
Recibir la salvación.
Ser bautizados.
Atestiguar sobre nuestra fe.
Y conocer, ver y escuchar a Jesús.

La Biblia también dice que debemos *formar discípulos*, lo que significa que debemos entrar en una relación con los demás para dirigirlos hacia la salvación y posteriormente enseñarles de qué se trata la fe Cristiana (Mateo 28:18-20). Aunque la mayoría de las personas no tendrán la oportunidad de discipular a las masas, ciertamente podemos compartir con quienes nos rodean.

Con un discípulo basta; si los amamos y les enseñamos correctamente, entonces ellos pueden salir y replicar lo que han aprendido, y más personas se unirán al Reino de Dios. Solo piensa: ¿qué le dirías a Jesús en ese día si no has llevado *ni a una persona* contigo?

¿Y qué si me rechazan?

Siempre pienso en Jesús cuando alguien me rechaza por compartir mi fe. A Él lo despreciaron, le escupieron, lo odiaron, lo expulsaron de la ciudad y eventualmente lo crucificaron, *solo* por compartir que Él era el camino hacia la salvación y la vida eterna. ¡Pero estuvo dispuesto a tolerar todo eso porque amaba a la gente! Él vio más allá del enojo y del odio de la gente, y miró profundamente en sus corazones. Esto es lo que le dio tal audacia.

Él estaba tan confiado porque tenía solo UN propósito en mente: obedecer a Su Padre. Jesús estaba en una misión, y nada iba a impedirle cumplir con los mandatos de Dios. ¡El Padre envió a Jesús **para morir por nosotros**! Solo imagínatelo: ¿qué si se hubiera bajado de la Cruz? ¿Qué si se hubiera quedado callado? No hubiéramos tenido ningún remedio que nos permitiera tener una relación restaurada con Dios. Precisamente ese es el mensaje que les transmitimos a los perdidos: una *verdadera solución* para obtener verdadera paz, amor y sanación.

¡Si nos rechazan, no es el fin del mundo!

Pensemos en algunas de las "peores" cosas que podrían ocurrir si comenzamos a compartirles a los demás sobre Jesús:

- *Tal vez pierdas a un "amigo"*. Pero ¿realmente era tu amigo en primer lugar si rechazó tu decisión de seguir a Cristo? ¡Habrá momentos en nuestro caminar Cristiano en los que tengamos que distanciarnos de nuestros amigos o familiares debido a su abierto rechazo a Cristo! (1 Corintios 15:33; Santiago 4:4). Y siendo honestos, ¡esto también podría aplicar para los amigos que «dicen» que son Cristianos, pero que no viven como Jesús en absoluto! (1 Corintios 5:11)

  Yo sigo orando por reconciliación en aquellas relaciones que he tenido que dejar atrás, pero sé que debo proteger mi relación con Cristo sobre cualquier otra cosa (Proverbios 4:23). Ahora, esto no significa que debamos alejarnos de todos los que no sean Cristianos... Si fuera así, no podríamos compartir con quienes no son salvos. Esto aplica más bien a nuestras relaciones cercanas; aquellos con quienes compartimos más tiempo e intimidad.

- *Tal vez te ganes una "reputación".* Pues ¿adivina qué? ¡Ya tengo una, y estoy orgullosa de ella! Casi todas las personas con las que interactúo descubren en algún momento que estoy enamorada de Jesús. Lo interesante de esto es que yo suelo ser a quien acuden cuando están en problemas o desolación. Ellos saben que yo pediré por ellos, les diré la verdad y les mostraré al Salvador. ¡Es maravilloso que te consideren fiel a Dios!

- *Tal vez te separes de la persona que amas.* Yo misma he experimentado esto. Jesús nos advirtió que esto probablemente ocurra si somos genuinamente devotos a Él (Mateo 10:34-39). Nuestros valores podrían ser tan ofensivos para quienes están cerca de nosotros que decidan que ya no quieren seguir escuchando de Dios. Podrían incomodarse al estar cerca de nosotros, o sentirse sentenciados por nuestra vida Cristiana. Si nuestro caminar con Dios es auténtico, ES UN HECHO que ofenderá a la gente, pues Jesús **es** la Roca de la Ofensa (1 Pedro 2:7-8).

- *Incluso podrían perseguirme o atacarme.* El mundo está en graves problemas actualmente. Hay más Cristianos siendo rechazados, golpeados, encarcelados y asesinados por su firme compromiso con Dios que en cualquier otra época en la historia.

- Debes asimilar en tu corazón y mente que amas a Jesús más que a cualquier otra cosa, pues dondequiera que vivas, tú podrías ser el siguiente en experimentar ataques. Esencialmente, es *aquí* donde las cosas se ponen serias; la vergüenza realmente no es una razón válida para *no* compartir nuestra fe con los demás.

Sin embargo, para hacerte sentir mejor, quiero asegurarte que cada vez que he decidido obedecer a Dios y no al hombre, verdaderamente he podido considerarlo una alegría. ¿Por qué? Porque sé que si no estuviera viviendo una vida poderosa por Jesús, no ofendería a nadie, y yo sabría que no estaría viviendo la vida que Él quiere. Dios me ha dado una dosis extra de paz y tranquilidad de que todo está bien porque lo he amado y le he servido antes que a cualquier otra cosa.

Ser un valiente testigo de Cristo también inspira a los demás a ser audaces en su fe. De hecho, podemos cambiar la dinámica de nuestro entorno si invitamos al Señor a nuestras conversaciones o a las situaciones con los demás. ¡Incluso hay ocasiones en las que quienes no son salvos quieren hablar de Dios o rezar, pero *ellos* también le temen al rechazo! Podemos ayudarlos a superar sus inquietudes alzando la voz.

¿Cómo comparto mi fe con los demás?

Algunas personas no saben ni cómo empezar a hablarle a alguien sobre Jesús. Gran parte de esto consiste en ser sensible al Espíritu Santo y a los demás.

1. Para comenzar, debemos permitir que el Espíritu Santo nos llene. Ora antes de compartir con alguien. ¡Pídele a Dios que te ponga en el lugar correcto, en el momento correcto y con la persona correcta! Para "avisarnos" que es hora de atestiguar, el Espíritu frecuentemente nos hará sentir emocionados o nerviosos.

   Cuando somos dirigidos por el Espíritu, debemos confiar en que Él ya ha preparado ese lugar, ese momento y a esa persona, y en que Él nos dará las palabras y la manera correcta para compartir (Lucas 12:11-12).

2. Es esencial que nos sumerjamos regularmente en la Palabra y en la oración, pues aquello con lo que "alimentamos" nuestros corazones y mentes es lo que sale cuando hablamos con los demás. Si todo lo que escuchamos son las groserías de la gente con la que nos rodeamos, o las porquerías del internet y la televisión, seremos malos comunicando el mensaje del Evangelio. Del mismo modo, si pasamos tiempo de calidad en presencia de Dios cada día y sometemos nuestros corazones y mentes a Su espada viva, la Biblia, estaremos mucho más preparados.

   Tenemos que tocar suavemente a la puerta de cada relación para probar su receptividad. Esto incluye a la cajera del banco y al vendedor de la tienda, así como a nuestros seres queridos que no son salvos. BUSCA oportunidades y aperturas en las conversaciones. Yo procuro estar atenta a ciertas frases que la gente menciona casualmente. Por ejemplo, cosas como "mi hijo está enfermo", "tengo miedo", o "no sé cómo manejar esta situación". Estos son excelentes temas para iniciar una conversación. Al estar en necesidad, podrían estar mucho más abiertos a escuchar sobre Dios.

3. No vamos a compartir nuestro mensaje con cada persona con la que nos encontremos; obviamente no hay tiempo suficiente para eso. Quizá ni siquiera seamos la persona que Dios usará en ese momento. Y, a veces, la gente simplemente no estará dispuesta a escuchar. ¡Aprende a aceptar eso!

4. Encuentra un tema de interés común. Por ejemplo: imagina que estás pagando en el supermercado y te das cuenta de que el cajero luce cansado y agobiado. Puedes decirle algo como: "Parece que estás teniendo un mal día. Yo también me siento así en el trabajo a veces".

   En ese momento, puedes contarle de lo mucho que te ayuda la oración cuando estás estresado. O puedes decirle: "Voy a orar por ti". Recuerda, toma uno o dos minutos pagar por tus compras y empacarlas, así que tienes tiempo suficiente para transmitir un breve mensaje.

   Muchas personas me han dicho después que el comentario que les compartí en uno de estos encuentros rápidos los alentó. Una vez que se forja la relación, suelen comenzar a compartir conmigo, e incluso me han pedido que ore por ellos.

   Podemos usar esta técnica en dondequiera que estemos: en el banco, en el teléfono con la operadora, en la recepción de la guardería, en el hospital, en el trabajo, en la escuela... Simplemente en cualquier lugar podemos ser un faro de luz, vida, amor y esperanza para nuestro precioso Señor. Y ¡es muy divertido! ☺

5. Recuerda que nunca serás perfecto. No tendrás una vida Cristiana perfecta, ni podrás atestiguar perfectamente en cada ocasión. ¡El Espíritu Santo tiene una manera preciosa de compensar nuestras deficiencias! ¡Él puede "traducir" tu mensaje de modo que tenga sentido y sea benéfico para la persona a la que le estás compartiendo! ¡Muchas veces me han dicho que fui muy clara en mi mensaje, cuando en aquel momento, yo sentí que lo estaba haciendo terriblemente!

6. Es importante que te asegures de que tu vida se alinee lo más posible con la verdad bíblica. Date cuenta de que esta responsabilidad se compone parcialmente de tus propias decisiones, y gran parte de ello depende de que el Espíritu Santo te mantenga santo. No hay nada peor que un "Cristiano" conocido por ser promiscuo y decir groserías. Cuando esta gente intenta compartir sobre Dios, automáticamente los

ignoran porque sus palabras no se alinean con sus acciones. Esto también incluye a quienes son chismosos y quejumbrosos, así como a quienes son excesivamente orgullosos o críticos (Filipenses 2:14-15). Esto daña gravemente a Jesús y al Evangelio.

7. ¡Necesitamos revisar nuestras motivaciones! Desafortunadamente, algunos Cristianos se vuelven agresivos o pretensiosos cuando comparten. Esto no solo es molesto, sino que ahuyenta a la gente. Se creen demasiado fuertes, y por todas las razones equivocadas. Pueden sentirse superiores o querer ir por ahí vociferando su conocimiento sobre las Escrituras. La gente de este tipo suele hacer sentir mal a los demás por sus creencias o sus estilos de vida.

Sin embargo, esta es precisamente la actitud que ha ahuyentado al mundo de Jesús y de la Iglesia en tantas ocasiones. La mayoría de las personas pueden percibir si somos genuinos o no. ¡Cuando presumimos o intentamos hacer que la gente reciba la salvación solo porque queremos quedar bien con Dios, y no porque en realidad nos importe ayudarlos, ellos se dan cuenta! El AMOR debe ser la fuerza motriz que nos impulse a compartir nuestra fe.

Además, debemos estar conscientes de que ocurre lo mismo si nuestros esfuerzos son flojos: la gente se alejará de Jesús en nuestras vidas, pensando que no estamos comprometidos a nuestra fe. Se preguntarán por qué deberían siquiera interesarse en nuestro Señor.

8. Intenta practicar lo que le dirías a alguien sobre tu fe. Puedes hacer esto frente a un espejo o con alguien que ame al Señor y que sea un gran comunicador del mensaje del Evangelio. Probablemente le encantará compartirte sus métodos para atestiguar.

Si te gustaría aprender otras maneras prácticas para compartir tu fe, el Capítulo 12 de este libro es una gran herramienta.

¡Es mucho más satisfactorio cuando alguien nos comparte sus experiencias con deleite y alegría, y cuando su única motivación es ayudarnos a experimentar lo mismo! Así se comunica nuestra fe: de manera modesta y alegre, con un deseo que nazca de nuestro amor por Dios y por la gente.

CAPÍTULO 9
COMPARTIENDO NUESTRA FE
REFLEXIÓN

1. ¿Qué significa la palabra *testigo*?

2. ¿Te cuesta trabajo compartir tu fe con los demás? ¿Por qué?

3. ¿Crees que la gente que rechaza a Jesucristo se irá al infierno para toda la eternidad? ¿Esto influye en tu decisión de compartir tu fe?

4. **¿Crees que tienes una responsabilidad de compartirles a los demás sobre Jesús? ¿Por qué?**

____

____

____

____

____

5. **¿Estás dispuesto a salir de tu zona de confort para aprender a compartir tu amor por Jesús con los demás?**

____

____

____

____

____

6. **¿Cómo llegaste a la fe en Jesús? ¿Alguien compartió su fe contigo? ¿Esto afecta tu decisión de compartir con los demás?**

____

____

____

____

____

DISCERNIR LA VOLUNTAD DE DIOS

Seguramente has pensado esto en más de una ocasión: "Solo quiero saber cuál es la voluntad de Dios para mi vida. ¿Por qué Dios no simplemente me *dice* qué es lo que quiere que haga?".

La mayoría de los Cristianos que he conocido expresan su deseo por conocer la voluntad de Dios para sus vidas. El problema es que Dios no suele hablarnos en una voz audible. Anhelamos comunicarnos con Él usando nuestras maneras humanas, y a menudo se nos dificulta relacionarnos con Él usando las maneras que Él ha diseñado.

Sin embargo, Él nos da muchos medios para conocer Su voluntad, siempre y cuando nos mantengamos abiertos y sensibles a Su orientación. "Discernir" significa "descubrir", "revelar" o "determinar" algo que no es obvio. En este capítulo, examinaremos algunos de los métodos que Dios usa para hablarnos.

Antes que nada, creo que Dios nos deja intencionalmente con preguntas con respecto a cómo encontrarlo y seguirlo. Esto es porque se requiere *fe*. De hecho, Hebreos 11:1 dice: "La fe es la confianza de que en verdad sucederá *lo que esperamos*; es lo que nos da la certeza de las cosas *que no podemos ver*". Hebreos 11:6 dice: "De hecho, **sin fe** es imposible agradar a Dios. Todo el que desee acercarse a Dios debe creer que Él existe y que Él recompensa a los que lo buscan con sinceridad" (las cursivas y las negritas son mías).

Dios les hablaba directamente a algunos de los gigantes espirituales de la Biblia, pero si te hace sentir mejor, incluso ellos tuvieron que mostrar fe ciega la mayoría del tiempo.

Por ejemplo: cuando Abram (Dios más tarde lo nombró Abraham) vivía en el pueblo de Harán, Dios le habló directamente y le pidió que reuniera a su gente y a sus cosas, que dejara su país y que partiera hacia una tierra desconocida (Génesis 12:1). ¡Abraham no tenía idea de cómo llegar ahí, y ni siquiera sabía dónde estaba esa tierra!

Dios también le habló directamente a Noé, diciéndole que construyera un enorme barco que pudiera salvarlos de una catastrófica tormenta. Sin embargo, si lees hasta este punto en las Escrituras, verás que ni siquiera había "llovido" en la Tierra aún (Génesis 2:4-6). El agua que había en la Tierra provenía de los manantiales y los ríos. La siguiente vez que aparece la palabra "lluvia" en la Biblia es durante el Diluvio Universal (Génesis 7:4).

Mi punto sobre estas historias es que Dios les habló directamente a estos hombres, pero ellos tuvieron que actuar con fe para cumplir con Su voluntad. Dios no le dio un mapa a Abraham, y tampoco le construyó el barco a Noé. De hecho, es probable que ambos hombres hayan sido los hazmerreíres de sus culturas. A Abraham: "¡¿Vas a ir *a dónde*?! ¡¿Dios te dijo *qué cosa*?!". A Noé: "¡¿Vas a construir una inmensa arca de veintitantos metros de altura, igual de larga que un campo y medio de fútbol, y todo se va a inundar aunque nunca hemos visto lluvia?!". Jajaja ☺.

¡Lo cierto es que nuestra fe aumenta cuando no sabemos exactamente qué hará Dios a continuación en nuestras vidas! Así como necesitamos ayuda al emprender viajes a lugares desconocidos, debemos tomar la mano de nuestro Señor para que nos dirija hacia el siguiente paso que debemos dar. Si nos aferramos a Jesús y lo seguimos hacia donde vaya, aprenderemos a confiar y a depender profundamente de Él (2 Corintios 5:7).

Las maneras en las que Dios nos comunica Su voluntad

Hay muchos medios que emplea Dios para hablarnos y darnos a conocer lo que quiere para nosotros y de nosotros. Los 4 principales son: la Biblia, la Oración, el Espíritu Santo y las Circunstancias. En el encabezado de "La Biblia" he enlistado algunas Escrituras que describen la voluntad general de Dios para nuestras vidas.

La Biblia

Probablemente casi todos estemos de acuerdo con esto: la Biblia es uno de los medios más importantes y obvios con los que Dios nos revela Su voluntad. Él nos ha dicho todo lo que quiere que sepamos a través de Su

Palabra. Pero Su plan *específico* para nuestras vidas se despliega A MEDIDA QUE obedecemos lo que nos ha mostrado en las Escrituras.

Desafortunadamente, una buena mayoría de los Cristianos no leen sus Biblias regularmente y, por lo tanto, son ignorantes sobre los caminos de Dios. Tomemos a Estados Unidos como ejemplo. De acuerdo con un estudio realizado en 2018 por Barna, solo el 14% de los estadounidenses leen sus Biblias a diario, seguidos por un 13% que la estudia de tres a cuatro veces a la semana. El 8% lee la Palabra una vez a la semana, el 6% lo hace aproximadamente una vez al mes, y el 8% la estudia de tres a cuatro veces al año (*https://www.barna.com/research/state-of-the-bible-2018-seven-top-findings/*). ¡Sé que si yo leyera la Biblia solo una vez al mes, o de tres a cuatro veces al año, me sentiría espiritualmente desfallecida!

Estas son algunas de las razones por las que la gente no lee la Biblia: 1. Demasiado ocupados; 2. Demasiado flojos; 3. No la entienden; 4. Se sienten acusados. Pero en realidad, ¡no leer la Biblia regularmente es como emprender un viaje a través del país sin un mapa! Sin la mano estable de las Escrituras, iremos por la vida sin propósito ni dirección, tropezándonos una y otra vez. Necesitamos urgentemente el compás de la verdad de Dios.

¡Son tantos los beneficios de estudiar la Biblia! Conocemos el carácter de Dios. Descubrimos quiénes somos y para qué fuimos creados. Entendemos hacia dónde vamos. Aprendemos cómo deberíamos responder a nuestro Creador y a la gente que Él moldeó.

Al leer la Biblia regularmente, nuestras mentes se transforman, nuestras conciencias se corrigen y nuestros corazones y mentes se fortalecen. Desarrollamos una base sobre la que podemos construir nuestras vidas. Crecemos en nuestra fe y obtenemos un timón que nos dirige en tiempos turbulentos. Comprendemos cuán amados somos. Somos limpiados con gracia y misericordia, así como perdonados por nuestra rebeldía.

Escribí un capítulo titulado "¿Qué es la Biblia"? en mi último libro, *Nuevos comienzos: Entendiendo los principios básicos de la fe Cristiana*. Si te interesa, puedes leerlo para estudiar más a profundidad por qué la Biblia es tan importante y por qué es esencial leerla.

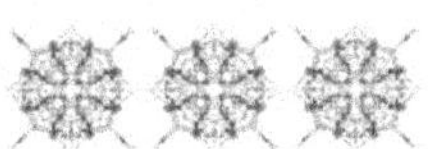

A continuación he enlistado algunas Escrituras que ayudarán a explicar la voluntad de Dios para tu vida. Puedes subrayar o resaltar los versículos que realmente te parezcan significativos:

- Deuteronomio 6:5: "Ama al Señor tu Dios con todo tu corazón, con toda tu alma y con todas tus fuerzas".

- Deuteronomio 10:12-13: " Y ahora, Israel, ¿qué requiere el Señor tu Dios de ti? Solo requiere que temas al Señor tu Dios, que vivas de la manera que le agrada y que lo ames y lo sirvas con todo tu corazón y con toda tu alma. Debes obedecer siempre los mandatos y los decretos del Señor que te entrego hoy para tu propio bien" (Este pasaje se escribió para los israelíes del Viejo Testamento, pero aplica para todos los pueblos de Dios a lo largo de la historia).

- Miqueas 6:8: "¡No! Oh pueblo, el Señor te ha dicho lo que es bueno, y lo que Él exige de ti: que hagas lo que es correcto, que ames la compasión y que camines humildemente con tu Dios".

- Hechos 22:14: "Después me dijo: «El Dios de nuestros antepasados te ha escogido para que conozcas Su voluntad y para que veas al Justo y lo oigas hablar»" (Este versículo está hablando de Jesús, el Justo).

- Romanos 12:1-2: "Por lo tanto, amados hermanos, les ruego que entreguen su cuerpo a Dios por todo lo que Él ha hecho a favor de ustedes. Que sea un sacrificio vivo y santo, la clase de sacrificio que a Él le agrada. Esa es la verdadera forma de adorarlo.

  No imiten las conductas ni las costumbres de este mundo, más bien dejen que Dios los transforme en personas nuevas al cambiarles la manera de pensar. Entonces aprenderán a conocer la voluntad de Dios para ustedes, la cual es buena, agradable y perfecta".

- 2 Corintios 13:11: "Amados hermanos, termino mi carta con estas últimas palabras: estén alegres. Crezcan hasta alcanzar la madurez. Anímense unos a otros. Vivan en paz y armonía. Entonces el Dios de amor y paz estará con ustedes".

- Efesios 4:29-30: "No empleen un lenguaje grosero ni ofensivo. Que todo lo que digan sea bueno y útil, a fin de que sus palabras resulten de estímulo para quienes las oigan.

  No entristezcan al Espíritu Santo de Dios con la forma en que viven. Recuerden que Él los identificó como Suyos, y así les ha garantizado que serán salvos el día de la redención".

- Colosenses 1:9-12: "Así que, desde que supimos de ustedes, no dejamos de tenerlos presentes en nuestras oraciones. Le pedimos a Dios que les dé pleno conocimiento de Su voluntad y que les conceda sabiduría y comprensión espiritual. Entonces la forma en que vivan siempre honrará y agradará al Señor, y sus vidas producirán toda clase de buenos frutos. Mientras tanto, irán creciendo a medida que aprendan a conocer a Dios más y más.

  También pedimos que se fortalezcan con todo el glorioso poder de Dios para que tengan toda la constancia y la paciencia que necesitan. Mi deseo es que estén llenos de alegría y den siempre gracias al Padre. Él los hizo aptos para que participen de la herencia que pertenece a Su pueblo, el cual vive en la luz".
- Colosenses 4:2: "Dedíquense a la oración con una mente alerta y un corazón agradecido".
- 1 Tesalonicenses 4:3-5: "La voluntad de Dios es que sean santos, entonces aléjense de todo pecado sexual. Como resultado cada uno controlará su propio cuerpo y vivirá en santidad y honor, no en pasiones sensuales como viven los paganos, que no conocen a Dios ni Sus caminos".
- 1 Tesalonicenses 5:10-25: "Cristo murió por nosotros para que —estemos vivos o muertos cuando regrese— podamos vivir con Él para siempre. Así que aliéntense y edifíquense unos a otros, tal como ya lo hacen.

  Amados hermanos, honren a sus líderes en la obra del Señor. Ellos trabajan arduamente entre ustedes y les dan orientación espiritual. Ténganles mucho respeto y de todo corazón demuéstrenles amor por la obra que realizan. Y vivan en paz unos con otros.

  Hermanos, les rogamos que amonesten a los perezosos. Alienten a los tímidos. Cuiden con ternura a los débiles. Sean pacientes con todos. Asegúrense de que ninguno pague mal por mal, más bien siempre traten de hacer el bien entre ustedes y a todos los demás. Estén siempre alegres. Nunca dejen de orar. Sean agradecidos en toda circunstancia, pues esta es la voluntad de Dios para ustedes, los que pertenecen a Cristo Jesús.

  No apaguen al Espíritu Santo. No se burlen de las profecías, sino pongan a prueba todo lo que se dice. Retengan lo que es bueno.

Aléjense de toda clase de mal. Ahora, que el Dios de paz los haga santos en todos los aspectos, y que todo su espíritu, alma y cuerpo se mantenga sin culpa hasta que nuestro Señor Jesucristo vuelva. Dios hará que esto suceda, porque aquel que los llama es fiel. Amados hermanos, oren por nosotros".

- Hebreos 10:10: "Pues la voluntad de Dios fue que el sacrificio del cuerpo de Jesucristo nos hiciera santos, una vez y para siempre".

<u>La oración</u>

Probablemente todos sepamos que la oración es otro medio para comunicarnos con Dios. Pero irónicamente, ¡es otra disciplina más que suele ser ignorada o pasada por alto! Los Cristianos sí oran más de lo que leen la Biblia, pero aun así, de acuerdo con un estudio realizado por Pew en 2016, solo la mitad de los Cristianos en Estados Unidos oran a diario y sienten que Dios los escucha y responde a sus oraciones (*https://www.pewresearch.org/fact-tank/2016/05/04/5-facts-about-prayer*). Desde luego, más de la mitad de los Cristianos oran, pero lo hacen con poca consistencia o fe de que serán escuchados.

La Biblia nos dice que debemos orar en todo momento (Efesios 6:18; 1 Tesalonicenses 5:17). Esto podrá parecer algo irrazonable, pero realmente podemos estar en oración constante a lo largo del día. Yo pido por la gente con la que interactúo todo el tiempo. Cuando paso al lado de alguien, incluso sin hablar con él o ella, procuro fijarme en su rostro para tratar de ver cómo se siente. Si veo a alguien triste o enojado, inmediatamente los pongo en manos del Señor en oración.

Mi esposo y yo intentamos comenzar cada mañana orando y estudiando la Biblia. Esto nos aclara la mente y le da una nueva perspectiva y dirección a nuestro día. Ahora, no me malinterpretes; no pretendo sonar súper espiritual. Solo quiero decir que estas son algunas de las maneras en que me mantengo cerca de Dios, pues lo necesito TAN desesperadamente... ¡Sé que mi vida sería un completo desastre sin Él!

De hecho, la oración es una gran manera de liberar nuestros miedos y preocupaciones y entregárselos al Señor. ¡Podríamos tener que hacer esto varias veces al día! La oración también nos ayuda a "salir de nosotros mismos" para pensar en los demás que están pasando por problemas peores.

Dios definitivamente te hablará durante tus momentos de oración. Puedes contarle lo que piensas, y después tomarte un tiempo en silencio simplemente para *escuchar* lo que Él quiere decirte. Además, si estamos orando de acuerdo con Su voluntad, Él podrá responder a nuestras oraciones más oportunamente porque estaremos basándonos en SU mente y SU corazón (1 Juan 5:14-15).

Otra manera de aprovechar tu tiempo de oración es escribiendo tus pensamientos y tus peticiones en un cuaderno o una computadora (como en un diario). En lo personal, yo no llevo un diario, pero mi esposo Michael sí, y él quería compartir lo que *tanto* le ha ayudado. Esto es lo que escribió:

Un diario consiste simplemente en anotar los problemas y las preocupaciones para los que necesitas la ayuda y la sabiduría de Dios. A mí me gusta usar una tableta, y verás por qué más adelante. Comienzo pensando y definiendo **exactamente** *cuál es mi problema.* **Después, lo escribo** *en una página, lo cual requiere tiempo y reflexión. ¡Es necesario que "nombres tu preocupación" y que seas capaz de definirla, escribirla, SACARLA DE TI y plasmarla en el papel! Me he dado cuenta de que anotarla en papel ayuda bastante; después, justo debajo de las* **páginas de angustias** *y preocupaciones, escribo una oración entregándole "todo eso" a Dios.*

Aquí es donde se pone realmente interesante. Verás, escribir no solo te ayuda a enfocarte; te ayuda a IR MÁS DESPACIO. Comienzo mi oración pidiendo por que mis pecados sean perdonados y por que nada me impida acercarme a Dios. Le pido que me ayude a ir más lento y que me despeje la mente para poder sentir Su Espíritu, Su voluntad y Sus respuestas a mis preguntas. Mientras escribo la oración, me mantengo **atento** *por si "escucho algo que Dios quiera decirme". Hago una pausa después de escribir mi pregunta o mi petición y* **escucho** *lo que me viene a la mente. Cuando sí escucho algo proveniente de Él,* **"escribo lo que oigo"** *entre comillas. ¡De esta manera, cuando lea una oración de tiempo atrás, sabré que sentí que "eso" provenía del Señor! Desde luego que cotejo "lo que escucho" con lo que dice la Biblia, pues Dios nunca podría contradecir Su Palabra. Estoy plenamente consciente de que a nuestro enemigo le encantaría engañarme y tenderme una trampa. Sin embargo, ¡lo que escucho la mayoría de las veces es exactamente lo que necesitaba oír o hacer!*

*Después de escribir en mi diario y orar, me voy hasta la última página de la tableta y escribo la fecha con las peticiones específicas para las que estoy buscando respuestas, o, en otras ocasiones, anoto "lo que escuché" que Él me dijo que hiciera. Dejo algo de espacio en blanco debajo de cada petición resumida para cuando Dios responda a esa oración, o para cuando el problema se resuelva. Después regreso al diario para escribir cómo Dios respondió a cada oración e incluyo la fecha en la que sucedió. ¡**En su debido momento**, ver todas las **oraciones respondidas** es algo ASOMBROSO! También me da un "testimonio" para compartir con los demás que podrían estar pasando por algo similar. Esto confirma que Dios me escucha y que atiende los problemas con los que le he pedido que me ayude.*

En ocasiones, he llegado a ver que la respuesta de Dios puede ser "sí", "espera", "tal vez", "más tarde" o "no", así que nunca intento adelantármele. Además, ¡"esperar al Señor" suele ser lo mejor, aunque lo más difícil de hacer! Todas nuestras pruebas sirven para formarnos y moldearnos a Su imagen. Esperar a Dios edifica nuestra fe y confianza. ¡Correr hacia Jesús a través de un diario es una gran manera de intentar "discernir Su voluntad" y verla en acción! ¡Espero que esto ayude a alguien tanto como me ha ayudado a mí! (¡Asegúrate de mantenerlo en un lugar seguro y alejado de los ojos entrometidos!).

Esto nos lleva a la tercera manera en que Dios nos habla: mediante Su Espíritu Santo.

El Espíritu Santo

Toma tiempo y esfuerzo aprender a escuchar el Espíritu de Dios. Es igual que una nueva relación, donde no "conocemos" automáticamente lo que la otra persona disfruta, piensa o cree. Conforme oremos y leamos la Biblia, aprenderemos lo que Dios piensa y desea. Él a menudo nos habla a través de Su Espíritu (1 Corintios 2:10-16).

Tenemos una ventaja porque tenemos al Espíritu Santo viviendo dentro de nosotros. Sin embargo, ¡Él no va a gritarnos! Podríamos ahogar Su voz, la cual, según la Biblia, es como "el susurro de una brisa suave". Él nos habla al corazón, pero si estamos demasiado ocupados como para escuchar, no podremos distinguir lo que nos diga. Debemos estar dispuestos a callar el ruido del mundo para pedirle Sus comentarios.

En este mundo caótico, aprender esta lección es algo difícil. Al Espíritu Santo le encanta impartirnos sabiduría. Su trabajo es guiarnos, llenarnos, enseñarnos la verdad y empoderarnos. De hecho, Dios nos dará el poder y el deseo que necesitamos para cumplir con Su voluntad (Filipenses 2:13). Aun así, ¡tenemos que cultivar una relación íntima con Su Espíritu para vivir una vida Cristiana dinámica!

Una manera práctica de obtener el poder y la dirección del Espíritu Santo es apagando los dispositivos que usamos constantemente. Si te es posible, encuentra un lugar donde puedas estar solo. E incluso si no puedes estar completamente solo, puedes entrenar a tu mente para concentrarse en Jesús. Yo hice esto cuando me era imposible encontrar soledad. Dios te alcanzará dondequiera que estés.

Las circunstancias

¿Cuántas veces hemos visto a la gente corriendo a la iglesia o comenzando a orar después de que pasa algo devastador en sus vidas? La muerte de un ser querido, una catástrofe natural, alguna enfermedad peligrosa...

Es muy común que la gente *culpe* a Dios en estos momentos difíciles. Lo que necesitamos entender es que no siempre es Dios quien causa estas circunstancias. En ocasiones son nuestras propias malas decisiones. A veces es el diablo causando estragos. Y en otras ocasiones, la dificultad nos llega simplemente porque vivimos en un mundo caído y enfermo de pecado.

Además, hay momentos en los que Dios *nos acorrala* para llamarnos la atención. Pero sin importar quién esté detrás de nuestras circunstancias o por qué estemos enfrentándonos a la adversidad, Dios puede usar estos momentos para acercarnos más a Él y para permitirnos ver lo que es verdaderamente importante en nuestras vidas (Génesis 50:20).

Por último, hay que señalar que siempre tendremos el libre albedrío para negar al Señor o desobedecerlo, pero las consecuencias nunca valdrán la pena (Romanos 1:24-32). Si rechazamos Sus caminos, simplemente no tendremos la satisfacción que anhelamos en la vida. Cumplir con Su voluntad nos traerá un beneficio inconmensurable y eterno (Romanos 2:7). Si nos tomamos el tiempo para aprender de nuestras dificultades, si permitimos que Dios nos fortalezca y nos agudice mediante ellas, y si usamos estas oportunidades para acercarnos más a Él, podremos discernir Su voluntad y escuchar Su voz más claramente. Esto siempre nos beneficiará.

Aparte, ¡ser dirigidos por el Señor para descubrir Su plan cada día es realmente emocionante! ¡Nunca sabes qué es lo que Él tiene planeado para ti! Solo podemos sentirnos verdaderamente plenos cuando vivimos en el centro de la voluntad de Dios. Incluso el alimento del propio Jesús era cumplir con la voluntad de Su Padre, y lo mismo ocurre con nosotros como Sus seguidores (Juan 4:34; 6:38). Y conforme sigamos Su dirección, recibiremos el alimento y podremos "regar y alimentar" a los demás espiritualmente. La cosecha consta de almas humanas para la eternidad.

¡Wow!

CAPÍTULO 10
DISCERNIR LA VOLUNTAD DE DIOS
REFLEXIÓN

1. Nombra 4 cosas que hayas aprendido sobre la voluntad de Dios para tu vida. "Ahora sé que Dios quiere que yo":

____

____

____

____

2. Escribe 4 medios a través de los cuales Dios nos comunica Su voluntad:

____

____

____

____

3. Nombra 2 cambios que puedes aplicar en tu vida para tener más tiempo y energía para escuchar al Señor:

____

____

4. ¿Crees que Dios tiene un plan específico para tu vida? Con base en tus experiencias con Él, ¿hacia dónde crees que esté intentando dirigirte en este momento?

____

____

____

5. **¿Estás dispuesto a seguir Su camino, o estás convencido de que *tus* propios planes funcionarán?**

____

____

____

____

6. **¿Lees la Biblia y oras regularmente? ¿Por qué, o por qué no?**

____

____

____

____

7. **¿Crees que esta es una parte esencial de tu relación con Dios?**

____

____

____

____

8. **¿Estás dispuesto a apartar algo de tiempo durante tu día (posiblemente cuando tengas más energía) para pasarlo con Dios?**

____

____

____

____

LA VIDA VICTORIOSA

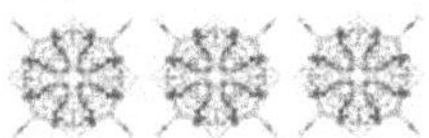

Un día más. Una cuenta más por pagar. Una pelea más con tu pareja. Una ida más al gimnasio. Un día más de trabajo. Una preocupación más. Un examen más. Un problema de salud más. Y la lista sigue y sigue.

¿Te parece que a veces tu vida no es más que una serie de dificultades? ¿Te cuesta simplemente levantarte de la cama en la mañana y enfrentarte a un día más de monotonía? ¿Has perdido la esperanza y te preguntas si estás haciendo una diferencia en este mundo? ¿Te falta paz y alegría?

Si eres Cristiano, esta no es la vida que Dios ha planeado para ti. ¡Él te salvó para que pudieras vivir en *una victoriosa superación*!

¡Ya somos los victoriosos!

Colosenses 1:15-20 es una descripción del Señor Jesucristo. ¡Él es nuestro Dios y Rey! Él ya ha salido a ganar la batalla por nosotros. Él es poderoso y capaz. Nuestro líder es confiable y veraz (Efesios 3:20).

¡Romanos 8:15-39 nos explica lo abundantemente bendecidos que somos! Tenemos un Padre que nos ama de manera incondicional y eterna. El diablo no conquistará nuestras vidas (aunque en ocasiones nos sintamos derrotados). Eventualmente compartiremos en la gloria de Dios.

Nada puede separarnos de Jesús si verdaderamente lo amamos (Juan 10:29). Como Cristianos, nadie podrá condenarnos (Romanos 8:1) porque Jesús asumió nuestro pago en la Cruz. La muerte es apenas el inicio de la experiencia más magnífica que podemos imaginarnos (1 Corintios 2:9). ¡El cielo nos espera!

<u>Herramientas que te ayudarán a triunfar</u>

¿Te pasa que "sabes" que las promesas de Dios son auténticas, pero que no crees que realmente sean para ti? ¿Acaso no estás viviendo como si fueras un VERDADERO miembro de la realeza? ¿Vives como un indigente, o como un niño amado que heredará de su Papi todas las riquezas del cielo y de la Tierra? (Efesios 1:3-4, 11-20).

Efesios 2:4-10 habla sobre lo preciosos que somos para el Señor y sobre la herencia que Él nos ha dejado gracias a este amor. Si vivimos quejándonos, preocupándonos, desanimándonos y abrumándonos con actitudes negativas —miedo y egoísmo—, entonces ¿qué es lo que estamos mostrándoles a quienes no conocen a Dios?

2 Corintios 10:3-5 nos dice que las "armas" que usamos como Cristianos no son instrumentos humanos. En otras palabras, estamos en medio de una batalla espiritual. Debemos usar las herramientas de Dios para luchar —para vencer—, no las nuestras. ¡Satanás se ríe en la cara de los creyentes que intentan pelear en la carne! Nosotros no estamos a la altura de sus mañosas tácticas. Solo Dios puede equiparnos para esta guerra.

La Palabra de Dios afirma que somos hijos de la Trinidad: el Padre, el Hijo y el Espíritu Santo. Esto revela nuestro estatus como miembros de la realeza. Pertenecemos a la familia de Dios. Él es el Creador omnipotente (todopoderoso), omnipresente (en todos lados al mismo tiempo) y omnisciente (que lo sabe todo), así que nuestra posición en el Reino es real.

También somos la Novia de Cristo, que es nuestro legítimo Rey. Nuestra victoria ya está establecida, y nuestro lugar en el cielo asegurado. Optar por creer estas verdades cambiará nuestros corazones, mentes y actitudes. Nos dará el poder que necesitamos para alcanzar la victoria. Dios quiere que sepamos que cada uno de nosotros es Su obra maestra. Nos creó para que hiciéramos las cosas buenas que Él ya había planeado para nosotros (Efesios 2:10).

Recuerda: antes de recibir a Jesús, siempre fuimos libres para pecar, pero ahora somos libres para *elegir* una vida santificada (Gálatas 5:16). Y ahora, somos LIBRES para pensar los pensamientos de Dios. Es una elección libre (Filipenses 4:6-9). Esta manera de creer no significa que podamos enterrar la cabeza en la arena y fingir que no hay problemas o sufrimiento en el mundo.

Sin embargo, sí significa que podemos dirigir nuestros pensamientos hacia el Señor en *cada* situación. ¡Conviértelo en la primera persona a la que acudes! Cuando te llegue algún pensamiento negativo, ¡CAPTÚRALO! Si no se alinea con la Palabra de Dios, **¡deséchalo!**

Por ejemplo, si tu voz interior negativa te dice: "No eres tan atractivo, delgado, rico, educado, etc., como alguien más", reemplaza esa idea con: "Dios me hizo único. ¡Él me ha dado dones, apariencia, habilidades y talentos como los de NADIE MÁS en este mundo!".

Si escuchas: "No hay esperanza. Este problema, esta situación, esta persona, etc., nunca cambiará", reemplázalo con: "Mi Dios es un Dios de imposibilidades. Caminaré hacia Él con la fe de que Él me mostrará el siguiente paso. Él me dará el poder y la intuición que necesito. Mientras me deleite en Él, no me apoyaré de mi propia comprensión, sino que lo reconoceré en TODO lo que haga" (Proverbios 3:5-6).

Verás, reemplazar nuestros viejos patrones de pensamiento con lo que dice la Palabra de Dios nos da el PODER para triunfar. Nuestro Dios es uno positivo, milagroso y con miras al futuro. Nuestro destino es el cielo, así que por lo menos podemos enfocarnos allí y recordar que la vida no es más que un suspiro... terminará antes de que nos demos cuenta (Santiago 4:14).

Hay algo aún más emocionante, y es que... ¡lo mejor está por venir! El dolor que sentimos, los problemas que tenemos y las situaciones en las que estamos CAMBIARÁN (Romanos 8:18, 23; 1 Corintios 15:43; 2 Corintios 4:17). Es una promesa personal de Dios.

Si no tienes control sobre alguna situación, entonces ENTRÉGASELA A DIOS. Preocuparnos por el presente no lo cambiará. Simplemente nos impedirá actuar cuando el futuro llegue; cuando se convierta en el "hoy".

Y si *sí* tienes el control de una situación, ora antes de actuar. Pregúntale a Dios si esta es una situación en la que *deberías* estar haciendo algo. Pídele poder, sabiduría y dirección. Entonces, ¡haz todo lo que puedas por el poder del Espíritu y para la gloria de Dios! Necesitarás la orientación de Dios sin importar cuáles sean tus circunstancias.

El plan de juego definitivo de Dios es traer a todos y a todo bajo Su autoridad en el cielo y en la Tierra (Efesios 1:9-11). Él está en completa autoridad del universo, incluso mientras los humanos corren y huyen de Su diseño supremo.

Podemos inspirarnos en este viejo adagio:

Señor, concédeme la serenidad para aceptar
las cosas que no puedo cambiar,
la valentía para cambiar las que sí,
y la sabiduría para conocer la diferencia.

¡Nuestro Dios es uno victorioso, y NOSOTROS LE PERTENECEMOS!

Aquí hay algunas Escrituras que te darán ánimo. Como he dicho varias veces en este libro, necesitamos aprender a aceptar la verdad de Cristo. Primero, debemos descartar aquellas mentiras con las que hemos sido criados y aquellas que aún estamos cargando. Cuando nuestras mentes sean transformadas por Su Palabra, seremos capaces de vivir en la victoria. Voy a resaltar las partes más bonitas en estos pasajes debajo de cada versículo:

Salmo 48:9-10

"Oh Dios, meditamos en Tu amor inagotable mientras adoramos en Tu templo. Como lo merece Tu nombre, oh Dios, serás alabado hasta los extremos de la tierra; Tu fuerte mano derecha está llena de victoria".

Medita en Su inalterable amor por nosotros.

Alábalo porque Él es digno y merece exaltación.

Él está "lleno" de victoria, así que con Él, podemos asegurar el triunfo en nuestras vidas.

Salmo 62:1-2

"Espero en silencio delante de Dios, porque de Él proviene mi victoria. Solo Él es mi roca y mi salvación, mi fortaleza donde jamás seré sacudido".

Nuestra victoria proviene solo de Dios.

Él es una verdadera Roca; una que las circunstancias no pueden mover.

Él es nuestra salvación. ¡Hemos sido salvados de la perdición eterna!

Dios es nuestra fortaleza. Podemos "escondernos en Él" para obtener protección y estabilidad.

Salmo 98:1-3

"Canten al Señor una nueva canción, porque ha hecho obras maravillosas. Su mano derecha obtuvo una poderosa victoria; Su santo brazo ha mostrado Su poder salvador. El Señor anunció Su victoria y reveló Su justicia a toda nación. Recordó Su promesa de amar y de ser fiel a Israel (Esto también aplica a quienes han recibido a Jesús como Salvador: Su pueblo). ¡Los extremos de la tierra han visto la victoria de nuestro Dios!".

Cántale al Señor. ¡Esta es una gran manera de redirigir nuestra atención!

Piensa en las cosas maravillosas que Él ha hecho: familia, amigos, naturaleza, amor...

Él ya ha ganado nuestra victoria porque tiene el poder que necesitamos.

Él es justo, lo que significa que tiene la razón en todo lo que hace y dice.

Él no ha olvidado Sus promesas de amar y serle fiel a todo Su pueblo.

Isaías 12

"En aquel día, tú cantarás: «¡Te alabaré, oh Señor! Estabas enojado conmigo, pero ya no. Ahora me consuelas. Miren, Dios ha venido a salvarme. Confiaré en Él y no tendré temor. El Señor Dios es mi fuerza y mi canción; Él me ha dado la victoria». ¡Con alegría ustedes beberán abundantemente de la fuente de la salvación! En ese día maravilloso cantarán: «¡Den gracias al Señor! ¡Alaben Su nombre! Cuenten a las naciones lo que Él ha hecho; háganles saber lo poderoso que Él es. Canten al Señor, porque ha hecho cosas maravillosas. Den a conocer Su alabanza en el mundo entero. ¡Que todos los habitantes de Jerusalén griten Sus alabanzas con alegría! Pues grande es el Santo de Israel, que vive en medio de ustedes»".

Dios es un Dios de consuelo. ¡Deja que te consuele y te reconforte!

Él es nuestro Salvador, y es completamente confiable. ¡No tengas miedo!

Dios es nuestra fortaleza. No somos débiles si lo tenemos a nuestro lado.

Dios es nuestra alegría. ¡Levanta el rostro y sonríe por eso!

Cuéntales a los demás de Jesús. Alegrará tu día ☺.

Dios es poderoso, capaz y maravilloso.

Dios vive dentro de ti por Su Espíritu Santo. ¡Eso es increíble!

Isaías 52:10

"El Señor ha manifestado Su santo poder ante los ojos de todas las naciones, y todos los confines de la tierra verán la victoria de nuestro Dios".

Un día, todos verán a Dios como realmente es. Todos nos arrodillaremos ante Él, ya sea en amor o en miedo (Filipenses 2:9-11). Podremos ver toda Su gloria. Pasaremos toda la eternidad amando a Dios en el cielo, o separados de Él y de toda bondad en el infierno. Es nuestra decisión.

Romanos 8:37

"Claro que no, a pesar de todas estas cosas, nuestra victoria es absoluta por medio de Cristo, quien nos amó".

No solo somos triunfadores, ¡somos superconquistadores!

1 Corintios 15:54-58

"Entonces, cuando nuestros cuerpos mortales hayan sido transformados en cuerpos que nunca morirán, se cumplirá la siguiente Escritura: «La muerte es devorada en victoria. Oh muerte, ¿dónde está tu victoria? Oh muerte, ¿dónde está tu aguijón?». Pues el pecado es el aguijón que termina en muerte, y la ley le da al pecado su poder. ¡Pero gracias a Dios! Él nos da la victoria sobre el pecado y la muerte por medio de nuestro Señor Jesucristo. Por lo tanto, mis amados hermanos, permanezcan fuertes y constantes. Trabajen siempre para el Señor con entusiasmo, porque ustedes saben que nada de lo que hacen para el Señor es inútil".

Nuestros cuerpos serán cambiados de manera eterna y perfecta.

Al recibir la salvación, ya no debemos temerle a la muerte.

Dios ya nos ha dado la victoria sobre las fuerzas espirituales poderosas.

Podemos ser fuertes e impedir que nuestras circunstancias nos muevan.

Tenemos un propósito real en esta vida: el privilegio de servir al Señor.

Nada de lo que hagamos por Él será inútil.

Cosecharemos recompensas eternas.

Entonces, ¿¿ya ves en estas increíbles Escrituras que no debemos estar deprimidos o temerosos?? ☺

Te invito a que leas pasajes similares en la Biblia por tu cuenta.
¿Qué crees que está intentando decirte Dios?

<u>Cree en la Palabra de Dios sobre tu habilidad para triunfar</u>

Aquí hay una manera de enfocar tu mente en la verdad de Dios sobre tu vida en Cristo. Puedes leerla a diario para entrenar a tu mente a creer la Palabra de Dios:

Yo decido caminar en la posición en la que Jesucristo me ha puesto. No soy nada por mí mismo, eso es verdad. Pero de acuerdo con la salvación de mi Señor, la Autoridad Majestuosa, soy elevado a un nivel de gran honor y privilegio en la familia del Señor. Y mantendré mi cabeza en alto para poder representar a mi Familia Real en gratitud y gracia.

Yo elegiré creer lo que Dios me ha dicho mediante Su Espíritu y Su Palabra. Desecharé decididamente y con fuerza cualquier pensamiento que no se alinee con lo que Dios dice que es cierto sobre mí, sobre mi situación y sobre mi futuro. Detendré inmediatamente todo pensamiento de egoísmo, desesperanza y autocondenación cuando entre en mi mente, y lo reemplazaré con la verdad de Dios.

Y pondré en práctica los valores que profeso poniendo a Jesucristo al centro de mi vida. Sé que esto implicará un sacrificio de mi tiempo, mi energía y mis recursos, pero sé que el resultado será un árbol eterno de exquisito fruto. Dedicaré una porción de mi sueño matutino o de mi rutina para encontrarme con Dios en oración y estudiar la Biblia.

Para convertir todo esto en una parte de mi vida, prometo en este momento pedirle al Señor que me dé el *deseo* de encontrarme íntimamente con Él a diario. Si necesito dejar alguna actividad adicional en la que estoy involucrado y que no sea necesaria o relevante para mi caminar con Cristo, me abstendré de ella. Decidiré renunciar a una parte del tiempo que le dedico a la televisión, el internet y/o las redes sociales para pasar tiempo de calidad con Dios. Determinaré qué es lo que me impide pasar tiempo de calidad con Él y le pediré a Su Espíritu que me ayude a cambiar.

Más beneficios increíbles de triunfar

Ya hemos leído bastantes Escrituras sobre lo privilegiados que somos en Cristo. Tenemos una abundancia de tesoros, tanto para el presente como para la eternidad, porque conocemos al Dios viviente. Aun así, me gustaría enlistar las joyas finales que el mismo Jesús nos dijo que poseeríamos como triunfadores de Su Reino:

- Apocalipsis 2:7
- Apocalipsis 2:11
- Apocalipsis 2:17
- Apocalipsis 2:19
- Apocalipsis 2:26
- Apocalipsis 3:5
- Apocalipsis 3:12
- Apocalipsis 3:21
- Apocalipsis 15:2
- Apocalipsis 21:7

¡Nos espera una alegría indescriptible si triunfamos!

Señor, te pido ahora mismo que me des la fortaleza de salir de mi zona de confort y entrar en la vida que Tú diseñaste para mí desde antes de la creación del mundo. Hay cosas que sé que debería hacer, pero que no he hecho.

También hay áreas negativas y dañinas en mis pensamientos; son actitudes y acciones que no puedo ver claramente, y te pido que me las muestres en los siguientes días, semanas y meses.

Te pido fervientemente que me des la voluntad para superar los pensamientos de mi carne. Te suplico hoy que el infinito poder de Tu precioso Espíritu Santo reemplace mis viejas actitudes y mentalidades. Quiero que mi vida cambie y se convierta en una que refleje los propósitos de Jesucristo, y que exhiba el fruto de Tu Espíritu de manera clara y apasionada. Amén.

¡Si disfrutamos de Su presencia y hacemos eco de Su gloria
con nuestras vidas, Él nos promete una vida victoriosa!

CAPÍTULO 11
LA VIDA VICTORIOSA
REFLEXIÓN

1. ¿Sientes que actualmente estás viviendo una vida de victoria con Jesús? ¿Por qué, o por qué no?

____

____

____

____

____

2. ¿Crees que Dios quiere que seas victorioso? ¿Dudas de Su poder para dirigirte hacia una vida de victoria? Si es el caso, ¿por qué?

____

____

____

____

____

3. ¿Cuáles de las Escrituras sobre la victoria enlistadas en este capítulo tocaron realmente tu corazón/mente/espíritu?

____

____

____

____

____

4. **Con base en las Escrituras que enlistaste en la pregunta 3, ¿estarías dispuesto a dedicar algo de tiempo cada día a leerlas otra vez? (Esto te ayudará a transformar tu pensamiento, lo cual después puede cambiar tus creencias y tus actitudes sobre tu situación) (Romanos 12:2).**

____

____

____

____

5. **¿Cuáles son algunos de los obstáculos en tu vida que te impiden alcanzar la victoria?**

____

____

____

____

6. **Para ti, ¿qué significa vivir en victoria?**

____

____

____

____

CAPÍTULO 12
LA IGLESIA DE CUATRO PATAS

¿Qué es eso de una iglesia de cuatro patas?
Bueno, ¡es una iglesia con cuatro patas, claro está! ☺
Esta iglesia es estable, saludable y bien balanceada.

Aunque este tema no se relaciona directamente con el discipulado, este libro habría estado incompleto sin mencionar la importancia de encontrar una iglesia bíblicamente sólida.

Hay miles de iglesias en el mundo, y yo creo que Dios, en Su sabiduría creativa, reúne a *la mayoría* de ellas bajo Su paraguas de "La Iglesia" (digo "la mayoría" porque algunas iglesias simplemente no siguen los lineamientos de Cristo o de Su Palabra).

Lo más bonito de la Iglesia es que sin importar dónde vivas, qué nacionalidad tengas o de qué cultura vengas, si crees en Jesucristo, lo amas y le sirves con toda tu vida, eres parte de Su Iglesia colectiva (Efesios 3:6).

Dicho eso, como probablemente ya te hayas dado cuenta a lo largo de este libro, siento que hay una grave carencia de verdadero discipulado en el Cuerpo de Cristo estadounidense. No puedo hablar por otros países, pues no he asistido a servicios fuera de Estados Unidos. Pero sí he leído incontables reportes e historias de personas en otros países que arriesgan sus vidas para conseguir solo una página de las Escrituras, o que tienen que caminar kilómetros solo para poder reunirse con otros creyentes.

En mi opinión, parte del problema en Estados Unidos es que somos un país rico y malcriado. Este, sin embargo, no es un problema nuevo. En el Viejo Testamento, cuando los israelíes llegaron al punto en que tenían "todo lo que querían", se volvieron *autosuficientes* y se alejaron de Dios.

Hay otro obstáculo que impide que la gente venga a Jesús en Estados Unidos: están tan saturados del Evangelio, y muchos han rechazado el mensaje tan a menudo, que sus corazones se han endurecido ante el amor de Cristo y Su oferta de salvación. Incluso a los Cristianos les cuesta mantenerse fieles a su Señor en ocasiones; de hecho, la Biblia habla de una "gran rebelión" contra la Iglesia en los últimos días (2 Timoteo 3:1-5).

Por último, si bien no menos importante, otra dificultad radica en el hecho de que muchos predicadores se rehúsan a compartir el Evangelio en su totalidad. Resaltan la gracia de Dios tan frecuentemente que han terminado distorsionándola, y la gente ha terminado adoptando esta falsa mentalidad: "¡Si aceptas a Jesús, nunca más tendrás que preocuparte por tu vida! ¡Él te dará todo lo que quieras con tan solo orar y tener suficiente fe! ¡Él quiere que tengas felicidad, tranquilidad y riqueza!".

Algunos pastores ni siquiera mencionan los términos "pecado", "morir en la carne" o "infierno" en sus sermones. Aún peor, ¡ni siquiera creen en estos conceptos bíblicos! Ellos creen que predicar sobre estos temas "humillará" a sus feligreses y hará que le den la espalda a Dios. O les da miedo que la gente deje de asistir a sus iglesias al sentirse acusados por sus transgresiones. Además, hay ocasiones en las que los más generosos con el diezmo son quienes más control tienen sobre la iglesia.

Parece ser que los días en los que nos enseñaban a ser disciplinados en nuestra fe —leyendo la Palabra de Dios regularmente, dando el diezmo, ayunando, orando sin cesar y haciendo todo lo posible para alcanzar a los perdidos— quedaron atrás. Los programas y las instalaciones de las iglesias se han vuelto más importantes que la gente. El dinero, el prestigio y el entretenimiento han superado a la humildad y al autosacrificio.

Aunque ciertamente esto no aplica para todas las iglesias, mi esposo y yo nos hemos dado cuenta de que este fenómeno va en aumento. Como resultado de nuestro ministerio y nuestros viajes, hemos visitado tantas iglesias que hemos perdido la cuenta.

Aunque hemos visto que prácticamente todas las iglesias tienen *algo* bueno, cuando preguntábamos sobre clases de discipulado, clases para nuevos creyentes o iniciativas Cristianas en sus comunidades, muchas iglesias tenían graves carencias.

Es cierto que no hemos regresado a estas iglesias para ver cómo funcionan en el día a día, y aunque ciertamente no somos expertos como para criticar este problema, nos encontrábamos tan a menudo con estos detalles que comenzamos a preguntarnos: "Para *nosotros*, ¿cuál sería el tipo de iglesia con el mayor impacto? ¿Cuáles serían algunos criterios prácticos que podríamos usar si quisiéramos buscar una iglesia?".

¿A qué iglesia debería asistir?

Como Cristianos, nuestra responsabilidad primordial es nuestra relación personal con Cristo. Un cuerpo eclesiástico es tan saludable como sus miembros individuales. Ya hemos leído en capítulos anteriores sobre cómo cultivar una conexión profunda, amorosa, estable y saludable con el Señor. Todo lo demás en nuestra vida brota de esta base.

Entonces, para comenzar, debemos encontrar una iglesia integral, enriquecedora y dinámica a la cual asistir. Esto es más difícil de lo que parece. No solo se trata de encontrar un lugar donde estemos cómodos, aunque este sí es un aspecto importante. Una buena manera de empezar es orando por el lugar donde Dios quiere que nos sintamos en casa.

Este probablemente sea un buen momento para mencionar que, si estás en una iglesia que te pone a dormir, o que no es más que un club social, valdría la pena encontrar una que te estimule a crecer y que también te enseñe a compartir tu fe.

Dicho eso, ¡yo NO creo en "saltar de una iglesia a la otra" en búsqueda del "lugar perfecto", ni en abandonar una iglesia porque alguna persona hirió tus sentimientos o porque no te gusta el color de la alfombra! Ser parte de una iglesia usualmente significa atravesar tanto rachas difíciles como buenas temporadas, justo como en cualquier relación normal. Solo mantente atento a la dirección del Señor.

Si eres parte de una iglesia que no parece muy saludable, pero sientes que Dios quiere que te quedes allí, entonces comienza a orar por la congregación y por los encargados. Incluso puedes invitar a otras personas a una pequeña reunión de oración. ¡Esto hará maravillas para ustedes y para la iglesia!

Otro aspecto importante de mantener viva nuestra fe es asistir a un pequeño grupo de estudio de la Biblia. Como ya he mencionado, tu iglesia debería tener clases disponibles para nuevos creyentes y para discipulado. Los líderes de estos grupos deberían conocer bien la Palabra de Dios y tener pasión por enseñar. También deberían estimularte a crecer y a querer asemejarte más a Cristo. Y si no hay ninguna de estas clases, ¡tal vez Dios te use *a ti* para comenzar una! ☺

¿Cuáles son las "Cuatro Patas"?

Si piensas en un banquito con cuatro patas, te darás cuenta de que cada pata debe medir lo mismo. Cada pata debe ser resistente y capaz de soportar el peso de la persona que se sienta en el banquito. Si una pata es débil o está dañada, el banquito como conjunto será ineficaz, e incluso podría ser peligroso.

La primera pata de una iglesia saludable es la *prédica bíblica*. Evaluar si nuestra iglesia es saludable es algo difícil. No queremos ser excesivamente críticos, pero, al mismo tiempo, no queremos ignorar potenciales peligros para nuestra fe.

Otra vez, los mensajes del pastor deberían mencionar el lado amoroso de Dios, así como Su cualidad de justicia. Sin balancear estos dos aspectos de la personalidad de Dios, obtenemos un panorama "a medias" de lo que Él nos ofrece y espera de nosotros. Tenemos que escuchar que Su gracia es abrumadora y trascendental, pero también que nuestro pecado tiene consecuencias y que Él no tolerará un esfuerzo tibio de nuestra parte.

Yo he visitado iglesias que enfatizan cuánto quiere bendecirme Dios. Aunque es cierto que Dios quiere lo mejor para mí, nunca mencionaron la responsabilidad que tengo yo en mi relación con Él.

En otra iglesia a la que asistí, el pastor se pasó la mitad de la prédica diciendo cuánto dinero tenía que dar la congregación (y esta era una práctica semanal, de acuerdo con varios de los asistentes). De hecho, ¡¡los líderes se sentaron al frente de la iglesia durante las ofrendas para ver cuánto se estaba depositando en sus gigantescas **cubetas**!!

Mi esposo y yo asistimos a otra iglesia donde el pastor estaba *gritándole* a su congregación sobre sus pecados y sobre lo "malos" que eran todos ellos. Nos fuimos del servicio antes de que terminara.

También hubo otras iglesias donde la gente iba por ahí hablando en lenguas tan alto que no pude concentrarme en orar por la iglesia antes de la prédica, ni en el mensaje del pastor durante el servicio.

Desde mi punto de vista, en ninguna de estas iglesias se sentía el Espíritu Santo. Si te interesa aprender más sobre el Espíritu Santo, hay un capítulo al respecto en mi libro *Nuevos comienzos*.

De nuevo, no deberíamos ser excesivamente críticos. Sin embargo, he visto que muchas personas simplemente "van a la iglesia" sin siquiera saber quién es su pastor o qué cree. No tienen idea de cuál es la misión de su iglesia, ni de cómo se sienten al dar, ni de qué iniciativas emprende la iglesia en beneficio de la comunidad.

Creo que es una buena idea reunirte con el pastor (ya sea que seas nuevo en la iglesia o que ya lleves un rato) y hacerle algunas preguntas importantes. Algunas son:

¿Qué crees sobre el pecado?
¿Qué crees sobre el infierno?
¿Crees que la Santa Biblia es la verdad absoluta?
¿Crees que yo tengo responsabilidades ante Dios?

Quizá valga la pena pulir tus propias creencias sobre estos asuntos, incluso antes de visitar a los líderes de tu iglesia. Estar seguro de lo que crees te ayudará a averiguar si estás en el lugar correcto. Recuerda estar dispuesto a escuchar distintos puntos de vista; podrías estar equivocado en tu propia teología y el pastor podría tener razón en la suya.

La segunda pata

La segunda pata de una iglesia saludable es la alabanza alabanzadora. La música es una de las mejores maneras de conectar nuestros corazones, mentes y espíritus con el Señor. De hecho, Dios instituyó las alabanzas musicales desde el Antiguo Testamento. ¡Esto a veces podía ponerse muy rudo! (Salmos 81:2; 150:4).

Puede que te sientas incómodo con las alabanzas reales. No solo se trata de cantantes, músicos, consolas de audio y de cantar las palabras de una página. Es posible que te den vergüenza las emociones que acompañan a esta forma de adorar a Dios. ¡Pero Él quiere tanto más de nosotros! Él quiere que todo nuestro ser se conecte con Él, y la música es una de las maneras más poderosas que Él diseñó para que lo alabáramos.

Yo frecuentemente me siento abrumada por Su Espíritu a través de la música, mientras Él lleva mi corazón a Su presencia. Y sí, ¡a veces es un poco raro! ¡Él es tan profundo, y casi siento que pierdo el control cuando exalto al

Dios viviente! Ahora, ¡esto no significa que me ponga a gritar o a rodar en el piso!

Me refiero a permitir que mis sentimientos se inunden de amor, admiración, reverencia y profunda gratitud hacia mi Señor. Experimentar esto puede ser un poco intimidante, pero es tan refrescante, tan vital para mi caminar Cristiano. Las alabanzas a través de la música llenan mi espíritu, mi corazón y mi alma de maneras que no puedo alcanzar con ningún otro método.

¿Tú te sientes más cerca de Dios como resultado de las alabanzas musicales en tu iglesia? ¿Hay tiempo en el servicio para reflexionar sobre la belleza de Cristo, o se apuran para terminar con las canciones y poder pasar a la siguiente "orden del día" del servicio?

Piensa en la manera en que le cantas a Dios durante ese momento. Si solo cantas las palabras o sigues el ritmo con el pie sin emoción alguna, podrías estar perdiéndote de uno de los medios más íntimos y satisfactorios de conectar con Dios.

Una de las mejores experiencias que he tenido en un servicio de alabanza fue cuando estábamos hablando en una prisión frente a más de 200 reclusos. Mi esposo y yo estábamos en la primera fila, y cuando volteamos hacia atrás, vimos a incontables hombres llorando y alzando sus manos en alabanza. Era muy claro que ellos *sabían* lo que Dios había hecho por ellos y que estaban profundamente conmovidos. ¡*Esa* es verdadera adoración y alabanza!

Quizá puedas hablar con tu líder musical o con tu pastor y averiguar si estarían dispuestos a considerar música más alabadora. O podrías visitar otra iglesia que ofrezca esta clase de experiencia durante la semana y seguir asistiendo a tu iglesia en domingo. ¡Tal vez te des cuenta de que te encanta permitir que tu corazón y tu espíritu vuelen!

<u>La tercera pata</u>

La tercera pata de una iglesia saludable es la divulgación. Hemos hablado con muchos Cristianos que han hecho cosas "buenas" por la gente, incluso al grado de emprender viajes misioneros al extranjero. Pero cuando les preguntábamos si habían compartido el Evangelio durante su viaje, nos decían: "No, solo ayudamos a cavar pozos", o: "No, ayudamos a construir una casa".

No me malinterpretes; ¡ayudar a la gente con necesidades prácticas es algo grandioso! De hecho, debería ser la "ocasión" que usemos como oportunidad para compartir el Evangelio. Sin embargo, ¡es negligente que la iglesia solo salga a realizar actos humanitarios sin compartir su fe! ¡Los Cristianos somos el único grupo que comparte de Cristo, y esa debería ser nuestra *principal prioridad*! (Mateo 28:18-20).

La divulgación puede tomar muchas formas. Un método que usamos mi esposo y yo para compartir el Evangelio es el de comprarle una comida a alguien necesitado. Les preguntamos cómo se llaman y cómo están, y les ofrecemos orar por ellos. Les platicamos del Señor y les preguntamos qué creen sobre Jesús. Frecuentemente les dejamos uno de mis libros o una Biblia para que tengan algo para leer y recordar nuestra conversación.

Otra cosa que hemos hecho es mandar a hacer un anuncio que diga: "¿Podemos orar por ti?". En el letrero también ponemos una oferta de libros y Biblias gratis. ¡Hemos ido a zonas de desastre, a playas y a malecones, y hemos tenido resultados increíbles! La gente ha acudido a Cristo, y hemos podido orar con muchas personas.

Cuando salimos a comer, hablamos con el mesero y *buscamos intencionalmente* una oportunidad de compartirle sobre el Señor, de invitarlo a la iglesia o de ponernos a su disposición por si tiene alguna otra pregunta. Aunque no hacemos esto con cada persona con la que interactuamos, procuramos "mantener arriba nuestra antena" para ver si el Espíritu Santo quiere que le atestigüemos a alguien.

También hemos impreso miles de folletos de divulgación con el mensaje del Evangelio. Los dejamos en las bancas del parque, con los meseros, en las gasolineras, en las oficinas de correos, en los pizarrones de anuncios, en las lavanderías y prácticamente en dondequiera que estemos. Logramos que una chica se acercara al Señor de este modo. ¡Simplemente son semillas que plantamos para que el Señor las use, y oramos por que la persona correcta las encuentre!

Mi esposo reparte estos folletos en ferias de autos, en mercados, en eventos navideños y en cualquier otro lugar en el que la gente se congregue en masa. Simplemente les pregunta a las personas: "¿Quieren un folleto?". Casi todos lo aceptan. Además, es un excelente tema para iniciar una conversación, o tan solo una manera de dejarlos con algo en qué pensar.

Si tu iglesia no realiza divulgación, puedes comenzar a hacerlo tú mismo. Pídele a Dios que te revele qué es lo que quiere que hagas. ¡Sé creativo! El punto es dirigir nuestros esfuerzos *hacia afuera*. ¡Jesús no planeaba tener solo un pequeño club en la iglesia cuando fundó Su Iglesia! De hecho, ¡si los seguidores de Jesús se hubieran quedado dentro de sus iglesias y círculos sociales, probablemente no tendríamos la Iglesia hoy en día!

- Si te interesa usar algo de nuestro material para divulgación, por favor contáctanos (los datos de contacto para Be Transformed Ministries se encuentran en las primeras páginas de este libro). Podemos enviarte estas herramientas con descuento.
- Para obtener más ideas, puedes ver nuestro video de 2 minutos sobre cómo ministrar: *https://www.facebook.com/betransformedministries/videos/267549847281329/*
- También puedes visitar la página de Facebook de nuestro ministerio para conocer otras de las maneras en las que alcanzamos a los perdidos: *facebook.com/betransformedministries*

Por favor comprende que NO estoy intentando promover mis libros ni mi ministerio. ¡Estoy intentando darte algunas herramientas e ideas para que puedas salir y comenzar a cumplir con la Gran Comisión!

La cuarta pata

La cuarta pata importante de la iglesia es *la fraternidad*. En la Biblia, la palabra en griego para fraternidad es *koinonia*, que simplemente significa "un grupo de creyentes que se reúnen a compartir un vínculo en común". Por supuesto que nuestro vínculo es Jesucristo. Los creyentes del Nuevo Testamento se reunían regularmente (Hechos 2:42), y este es el patrón que debemos seguir.

Dios diseñó Su Iglesia como una de las maneras más importantes de ayudar a los Cristianos a crecer y recibir apoyo en medio de este mundo que va tan frecuentemente en contra de Sus mandatos. Es importante considerar que la Iglesia se compone de gente, no de un lugar físico o un edificio, así que es un organismo creciente (o moribundo). (Sin embargo, esto no significa que una iglesia en línea pueda sustituir a una reunión en persona)...

Fuimos creados para relacionarnos, así que es esencial que nos reunamos para desarrollar nuestra fe hasta su máxima santidad (Judas 1:20-21). No se supone que seamos llaneros solitarios. Cuando escucho que alguien dice: "Yo no necesito ir a la iglesia para ser Cristiano", o: "No es necesario que yo asista a la iglesia para practicar mi fe", se prenden focos rojos en mi mente. Aunque no se trata de las instalaciones físicas, se trata de la interacción sobrenatural de Su gente y del beneficio que esto conlleva.

La Biblia nos dice que "el hierro se afila con el hierro", lo que significa que nos necesitamos los unos a los otros para evitar que quedemos solos y a la deriva en nuestra fe (Proverbios 27:17). Necesitamos que nos prediquen y nos enseñen la Palabra de Dios. Necesitamos alabar juntos, pues el Cuerpo de Cristo no se compone solo de "un dedo o un pie", sino que es una unidad completa —un cuerpo— que funciona mejor cuando sus partes están apropiadamente unidas (1 Corintios 12:12-27; Efesios 4:16).

También hay quienes son más maduros en su fe, y ellos pueden ayudar a los creyentes menos maduros o más débiles a navegar por el camino. Por el otro lado, hay quienes podrán estar mejor consolidados en ciertas áreas de su fe, y ellos pueden ayudar a alguien más a crecer en Cristo.

Espero que tengas la fortuna de encontrar una iglesia donde seas bienvenido, requerido y llamado al servicio.

Le pido a Dios que hayas aprendido mucho con este libro. Espero que sea una herramienta que puedas consultar a menudo para convertirte en un Discípulo Dinámico de Jesucristo.

CAPÍTULO 12
LA IGLESIA DE CUATRO PATAS
REFLEXIÓN

1. ¿Te emociona asistir a tu iglesia cada semana? ¿Por qué, o por qué no?

   ____

   ____

2. ¿Sientes que estás creciendo en tu fe como resultado de las enseñanzas de tu pastor?

   ____

   ____

3. ¿Estás involucrado en un pequeño grupo de estudio bíblico? ¿Por qué, o por qué no?

   ____

   ____

   ____

4. ¿Tu iglesia es una congregación, o un pequeño grupo que te estimula a entrar en acción, o es más como un "club social"?

   ____

   ____

   ____

5. ¿Sientes el Espíritu de Dios cuando lo alabas con música? ¿O te sientes "seco" al cantar canciones de alabanza?

   ____

   ____

   ____

6. **Con lo que has aprendido en este estudio, ¿qué opinas ahora de la "divulgación" Cristiana?**

____

____

____

____

____

7. **¿Estarías dispuesto a usar algunas de las ideas de este libro para comenzar a realizar tu propia divulgación? O ¿incluso a pensar en tus propias maneras para alcanzar personas para Jesús?**

____

____

____

____

____

Que el Señor te bendiga y te proteja. Que el Señor sonría sobre ti y sea compasivo contigo. Que el Señor te muestre Su favor y te dé Su paz.

Números 6:24-26